I0540612

QUADERNI CENNI

L'ESERCITO DEL DUCATO DI MODENA 1625-1818

Acquarelli di Quinto Cenni dalla collezione
di H. J. Vinkhuijzen

SOLDIERSHOP PUBLISHING

PUBLISHING'S NOTES

None of **unpublished** images or text of our book may be reproduced in any format without the expressed written permission of Soldiershop.com when not indicate as marked with license creative commons 3.0 or 4.0. Soldiershop Publishing has made every reasonable effort to locate, contact and acknowledge rights holders and to correctly apply terms and conditions to Content. In the event that any Content infringes your rights or the rights of any third parties, or Content is not properly identified or acknowledged we would like to hear from you so we may make any necessary alterations. In this event contact: info@soldiershop.com.

Our trademark: Soldiershop Publishing ©, The names of our series: Soldiers&Weapons, Battlefield, War in colour, PaperSoldiers, Soldiershop e-book etc. are herein © by Soldiershop.com.

NOTE ABOUT BOOK PRINTING BEFORE 1925

This book may contain text or images coming from a reproduction of a book published before 1925 (over seventy years ago). No effort has been made to modernize or standardize the spelling used in the original text, so this book may have occasional imperfections such as missing or blurred pages, poor pictures, errant marks, etc. that were either part of the original artifact, or were introduced by the scanning process. We believe this work is culturally important, and despite the imperfections, have elected to bring it back into print (digital and/or paper) as part of our continuing commitment to the preservation of printed works worldwide. We appreciate your understanding of the imperfections in the preservation process, and hope you enjoy this valuable book. Now this book is purpose re-built and is proof-read and re-type set from the original to provide an outstanding experience of reflowing text, also for an ebook reader. However Soldiershop publishing added, enriched, revised and overhauled the text, images, etc. of the cover and the book. Therefore, the job is now to all intents and purposes a derivative work, and the added, new and original parts of the book are the copyright of Soldiershop. On this second unpublished part of the book none of images or text may be reproduced in any format without the expressed written permission of Soldiershop. Almost many of the images of our books and prints are taken from original first edition prints or books that are no longer in copyright and are therefore public domain. We have been a specialized bookstore for a long time so we (and several friends antiquarian booksellers) have readily available a lot of ancient, historical and illustrated books not in copyright. Each of our prints, art designs or illustrations is either our own creation, or a fully digitally restoration by our computer artists, or non copyrighted images. All of our prints are "tagged" with a registered digital copyright. Soldiershop remains to disposition of the possible having right for all the doubtful sources images or not identifies.

LICENSES COMMONS

This book utilize may utilize material marked with license creative commons 3.0 or 4.0 (CC BY 4.0), (CC BY-ND 4.0), (CC BY-SA 4.0) or (CC0 1.0). We give appropriate attribution credit and indicate if change were made below in the acknowledgements field.

ACKNOWLEDGEMENTS

A Special Thanks to the New York Public Library for their kindly permission to use several images of his collections used in the book.

Title: **L'esercito del Ducato di Modena 1625-1818. cod. QC014**
By Luca Stefano Cristini. Tavole a colori di Quinto Cenni. First edition by Soldiershop.
Cover & Art Design: Luca S. Cristini. And Anna Cristini
ISBN code: 978-88-93272377 codice e collana Soldiershop Quaderni Cenni (QC014)

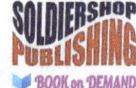

Published by Soldiershop publishing, via Padre Davide, 7 - 24050 Zanica (BG) ITALY. www.soldiershop.com

L'ESERCITO
DEL DUCATO
DI MODENA
1625-1818

QUADERNI CENNI

I SOLDATI DEL DUCATO ESTENSE

Prefazione

A differenza dei quaderni Cenni già pubblicati, i due volumi previsti sul Ducato di Modena possono avvalersi anche del prezioso supporto di un raro manoscritto del Cenni, fornito al collezionista olandese H. J. Vinkhuijzen, insieme a tutte le bellissime tavole allegate delle truppe estensi, certamente fra i lavori migliori dell'artista modenese che forse ha voluto così omaggiare, almeno in parte, la sua amata patria d'origine!

Questo "quaderno" montato come spesso gli capitava su normali quaderni scolastici a quadretti, è formato da oltre ottanta pagine, che noi riportiamo più o meno equamente divise sui due volumi che andiamo a presentare.

Il manoscritto è pieno zeppo di annotazioni di carattere storico relativo alle vicende del Ducato modenese e della famiglia d'Este che tale ducato ha dominato per secoli, ma soprattutto questo libello risulta estremamente interessante per le tante note uniformologiche relative a tale esercito.

La scrittura assai diligente è facilmente leggibile pur contenendo modi ed espressioni oggi in disuso. Le stesse indicazioni "ottocentesche" abbiamo voluto conservare per le titolazioni di tutte le tavole. Le tavole stesse sono per l'occasione presentate nella loro massima grandezza possibile, stampate cioè in verticale per una maggiore resa.

Crediamo in questo modo di aver fornito qualcosa di unico e raro ai nostri appassionati lettori, certi che sapranno apprezzare questa nostra nuova pubblicazione.

Dei cinque titoli rimanenti della collezione Quaderni Cenni, vi annunciamo subito che anche quello dedicato alle truppe Cisalpine e cispadane, nate durante gli anni della rivoluzione napoleonica si avvarrà di un manoscritto cenniano!

◀ Ritratto di Ercole III Rinaldo d'Este duca di Modena dal 1780 al 1796. Dipinto da Giuseppe Soli, Musei civici di Reggio Emilia

IL DUCATO DI MODENA E REGGIO

Il Ducato di Modena e Reggio, la cui capitale fu Modena, ebbe vita, come Stato, dal 1452 al 1796 e dal 1815 al 1859, sotto il dominio della famiglia degli Estensi e poi degli Asburgo-Este. Alla fine della sua storia, nel 1859 il Ducato confinava a nord con il Regno Lombardo-Veneto, ad est con lo Stato Pontificio ed il Granducato di Toscana, a sud con il mar Ligure e ad ovest con il Regno di Sardegna ed il Ducato di Parma e Piacenza.

STORIA A PARTIRE DAL XVII SECOLO

A partire dal XVII secolo diverse vicende belliche fecero acquisire agli Este la sovranità sul Ducato della Mirandola, il Principato di Correggio e la Contea di Novellara, in precedenza stati autonomi. Dagli inizi del XV secolo era entrata a far parte del ducato anche buona parte della Garfagnana.

Nel 1796 il ducato venne occupato da Napoleone, disciolto e il suo territorio divenne parte della Repubblica Cispadana. Il Congresso di Vienna ripristino' il ducato passandone il governo a Francesco IV Asburgo Este, che ereditò, nel 1829 dalla madre anche i territori del Ducato di Massa e Carrara ottenendo lo sbocco sul mare Tirreno. Con il pacifico trattato di Firenze, nel 1847 al Ducato fu incorporata la provincia di Guastalla, prima appartenente al Ducato di Parma e Piacenza, e si arrivò quindi alla massima espansione territoriale.

Il ducato termino' la sua esistenza nel giugno 1859 al termine della seconda guerra d'indipendenza italiana: quello che costituiva il suo territorio fu unito a Parma, Piacenza, Bologna, Ferrara e alla Romagna il 30 novembre 1859 per ordine del dittatore Carlo Farini,[1] divenendo il nucleo delle Province Unite del Centro Italia successivamente annesse, dopo pochi mesi, al Regno di Sardegna nel 1860.

Cronologia fino al 1818.

- 27 ottobre 1597: Cesare d'Este diventa duca di Ferrara, Modena e Reggio ed entra poi definitivamente in possesso di Sassuolo, già appartenente alla famiglia dei principi Pio.

- 13 gennaio 1598: con le convenzioni faentine lo Stato Pontificio retto da Clemente VIII entra in possesso di Ferrara. Modena diventa la capitale del Ducato sotto il governo del duca Cesare.

- 1628: diviene duca Alfonso III d'Este che sposa Isabella di Savoia, la quale muore dando alla luce il quattordicesimo figlio lasciando Alfonso nella disperazione, che lo porta a maturare l'idea di farsi frate.

- 1629: Alfonso prende i voti di Cappuccino col nome di Giovanni Battista da Modena ed abdica a favore del figlio Francesco I d'Este.

- 1632: inizia la costruzione del Palazzo ducale di Modena, oggi sede dell'Accademia militare.

- 1658: Alfonso IV d'Este succede a Francesco I.

- 1659: Alfonso IV è investito del Principato di Correggio.

- 1662: Alfonso IV muore: reggenza di sua moglie Laura Martinozzi per il figlio Francesco II d'Este che ha due anni.

- 1674: Francesco II a 14 anni prende i pieni poteri, approfittando dell'assenza della madre che era andata in Inghilterra per il matrimonio della figlia quindicenne Maria Beatrice con il duca di York erede al trono d'Inghilterra.

- 1694: muore Francesco II.

- 1695: il cardinale Rinaldo d'Este, zio di Francesco, diviene duca di Modena rinunciando alla porpora con dispensa del papa e sposando Carlotta Felicita di Brunswick-Lüneburg per assicurare la discendenza a casa d'Este, essendo morto Francesco II senza lasciare figli.

- 1° agosto 1702: a seguito degli eventi bellici della Guerra di successione spagnola i francesi di Luigi XIV entrano in Modena.

- febbraio 1707: il duca Rinaldo, con l'aiuto dell'esercito imperiale, rientra a Modena e ripristina la sovranità legittima.

- 1710: Rinaldo compera dall'Impero il Ducato della Mirandola e di Concordia.

- 1721: inizia la costruzione della Villa ducale di Rivalta presso Reggio.

·1737: Rinaldo è investito dei feudi di Novellara e Bagnolo.

·1737: Francesco III d'Este succede al padre Rinaldo.

·1738: inizia la costruzione della Via Vandelli per collegare le città di Modena, Massa e Carrara

·1740: guerra di successione in Austria.

·1741: gli austriaci invadono il Ducato e Francesco III fugge.

·1746: Francesco III, a corto di denaro, vende per centomila zecchini d'oro veneziani ad Augusto III, re di Polonia ed elettore di Sassonia, 100 prestigiosi dipinti della galleria estense che emigrano a Dresda dove tuttora si trovano. Una delle migliori gallerie d'Europa viene così declassata, pur restando di pregio anche per effetto degli acquisti operati dai duchi successori.

·1748: Trattato di Aquisgrana.

·1753: Francesco III viene nominato governatore della Lombardia risiedendo nella Villa d'Este fatta da lui costruire a Varese e governando da lì anche Modena dove fa numerosi interventi urbanistici fra cui la costruzione di un grande ospedale e dell'Albergo dei poveri, oggi palazzo dei Musei. Una sua statua equestre fatta erigere dai modenesi riconoscenti verrà distrutta a martellate da un fanatico, che voleva farsi dei meriti con Napoleone giunto a Modena e dispersa.

·1757: Con un editto datato del 6 maggio Francesco III vieta le riunioni massoniche in tutto il territorio della Lombardia.

·1761: il Duca apre al pubblico la Biblioteca Estense di Palazzo ducale ed il giardino ducale.

·1780: Ercole III d'Este succede al padre Francesco III, sposa Maria Teresa Cybo Malaspina, figlia unica, che gli porta in eredità il Ducato di Massa e Carrara, che passerà poi alla figlia Maria Beatrice Ricciarda già promessa sposa ad un arciduca d'Asburgo al quale o alla sua discendenza Francesco III, dal momento che Ercole III non aveva figli legittimi maschi, aveva assicurato anche la possibilità di assumere il nome d'Este e di succedere nei domini estensi.

·1796: invasione dei francesi: Napoleone Bonaparte arriva a Modena ed Ercole nomina un reggente nella persona di Benedetto d'Este, figlio naturale di Francesco III, e ripara a Venezia accompagnato dalla favorita Chiara Arini cantante, che sposò poi morganaticamente. Benedetto conclude un accordo con Napoleone in base al quale il duca, o chi per esso, s'impegna a pagare 7 milioni e mezzo di lire francesi in tre rate e a cedere gratis venti fra i migliori quadri della galleria. In cambio Napoleone s'impegna a garantire che le sue truppe passando per il territorio del ducato non avrebbero fatto perquisizioni pagando il giusto prezzo per ogni cosa acquistata. Il duca rifiuta di pagare alcunché nonostante abbia portato con sé a Venezia il tesoro dello stato sostenendo che ne è proprietario, e Benedetto è costretto a contrarre debiti forzosi, a gravare sui cittadini e depredare chiese e monasteri dei loro capolavori mentre le opere d'arte prendono la strada di Parigi. Ercole III è raggiunto a Venezia da un gruppo di armati francesi che gli impongono il pagamento di duecentomila zecchini, poco meno di 7 quintali d'oro. A palazzo Rangoni a Modena si riuniscono i delegati di Modena, Reggio, Bologna e Ferrara che insieme formano la Repubblica Cispadana, cui segue un secondo congresso a Reggio Emilia in cui viene proclamato come bandiera il tricolore e vengono aboliti tutti i titoli nobiliari.

·1797: Napoleone fa confluire la Repubblica Cispadana in quella Cisalpina.

·1803: Ercole III muore in esilio. Si estingue così la discendenza maschile in linea diretta.

·1805: Napoleone si fa proclamare imperatore dei francesi e re d'Italia, vengono ripristinati i titoli nobiliari e abolito l'appellativo di "cittadino". Passando da Modena viene accolto con entusiasmo, alloggiato con sfarzo nel palazzo ducale e lì riceve le chiavi della città

·1814: Napoleone è sconfitto. Dopo il congresso di Vienna a Modena viene restaurato il ducato sotto la sovranità di Francesco IV, nato da Ferdinando d'Asburgo-Este e da Maria Beatrice d'Este, figlia di Ercole III d'Este erede dal padre del Ducato di Modena e Reggio e dalla madre Maria Teresa Cybo-Malaspina del Ducato di Massa e Principato di Carrara.

·1820: Francesco IV emette un decreto contro i carbonari e nel 1822 il Tribunale di Stato processa quarantasette persone accusate di appartenere alla Carboneria decretando la condanna a morte per nove di loro. Il solo ad essere giustiziato è però don Giuseppe Andreoli.

- ·1831: Insurrezione di Ciro Menotti. Francesco IV fa imprigionare e poi impiccare Ciro Menotti e Vincenzo Borelli.
- ·1834: Francesco IV fa costruire a Modena il Foro Boario "a onore e comodo dei fedeli agricoli", ma questi non gradiscono e il fabbricato rimane vuoto, i fornici vengono chiusi e il grande fabbricato è adibito in seguito ai più svariati usi. Oggi è la sede della facoltà di economia dell'Università.
- ·1839: inizia la costruzione del Teatro Comunale di Modena, inaugurato nel 1841 su progetto dell'Architetto Ducale Francesco Vandelli.
- ·1846: Francesco V d'Este succede al padre Francesco IV.
- ·1847: in attuazione del Trattato di Firenze, alla morte di Maria Luigia d'Austria il Ducato di Modena incorpora il Ducato di Guastalla e si operano rettifiche di confini col Parmigiano; in virtù del medesimo trattato si annettono i territori garfagnini e lunigianesi di Minucciano, Castiglione di Garfagnana (di fatto governato da Modena fin dal 1820), Gallicano e Montignoso, già appartenenti al Ducato di Lucca.
- ·1848: Francesco V si allontana per qualche mese da Modena, causa i moti insurrezionali.
- ·1850: viene acquisito Rolo, ex «enclave» del Lombardo-Veneto in territorio ducale.
- ·1856: inaugurato a Reggio Emilia il grandioso Teatro Municipale.
- ·11 giugno 1859: Francesco V lascia per sempre il Ducato, dopo la sconfitta degli austriaci a Magenta, seguito a Mantova da 3500 soldati fedelissimi e 118 ufficiali comandati dal generale Saccozzi che costituiscono la cosiddetta Brigata Estense. Porta con sé gli ori e tutte le cose preziose di famiglia e anche 80 ergastolani in catene che vengono rinchiusi nelle carceri di Mantova. A Modena giunge Luigi Carlo Farini, commissario regio del Governo piemontese, nominato in seguito dittatore, e poi governatore di tutta l'Emilia, di cui viene proclamata l'annessione al Piemonte assieme alla Toscana.
- ·1860: in forma plebiscitaria i modenesi approvano l'annessione al Regno di Sardegna.
- ·1863: a Vienna viene chiusa l'ambasciata (detta Legazione) estense e l'esercito del Duca ancora a lui fedele e stanziato in Veneto (la Brigata Estense), con una commovente cerimonia il 24 settembre è sciolto a Cartigliano (Vicenza).
- ·1875: a Vienna muore il 20 novembre Francesco V, ultimo duca di Modena, e viene sepolto nella Cripta Imperiale della chiesa dei cappuccini.

L'ESERCITO DEL DUCATO DI MODENA E REGGIO NEL 1799

Il duca di Modena, Ercole III°, per l'ambizione di una politica indipendente da Vienna, mantiene sempre alle armi un esercito di forza superiore a quella convenuta col governo austriaco.

Nel 1770 i territori di Modena, Reggio e Mirandola hanno una funzione strategica per l'Impero Austroungarico; le truppe, ufficialmente denominate "Legione Estense",

Esse comprendono:

- *Compagnia Guardie del Corpo (103 effettivi)*
- *Reggimento di Linea Svizzero (1.213 effettivi)*
- *Battaglione Guardie Appiedate (706 effettivi)*
- *Squadrone Corazzieri (170 effettivi)*
- *Squadrone Dragoni (161 effettivi)*
- *Corpo d'Artiglieria (133 effettivi)*
- *Milizia (3.100 effettivi mobilitabili in guerra)*

Comandante è il maggiore generale Montecuccoli; i pezzi d'artiglieria, 72 in tutto, vengono fusi e conservati presso la Cittadella Militare di Modena, nei calibri francesi di 2, 4, 8, 12, 16, e 24 libbre.

QUINTO CENNI
Un soldato che non fece mai il soldato...

Il nostro più grande e prolifico artista militare, Quinto Cenni nacque a Imola, all'epoca sotto il Regno Pontificio, il giorno di Pasqua 20 marzo del 1845 dall'avvocato (o dottore causidico nel volgo emiliano) Antonio e da Maria Sangiorgi, in una famiglia di solide tradizioni cattoliche, patriottiche, ma anche liberali (un cugino, il capitano Guglielmo Cenni, fu infatti un valoroso volontario garibaldino).

Quinto di nome e di fatto, era infatti il quinto dei dieci figli, i più morti prematuramente, che la famiglia Cenni ebbe. Trascorse i primi anni e compì i primi studi nella cittadina romagnola. Ancora ragazzino sviluppò una passione innata per il disegno ritraendo da subito quello che saranno i suoi soggetti per antonomasia, i soldati !

E in quegli anni ritrae principalmente quelli che gli passano sotto gli occhi; militari austriaci e pontifici che attraversano le polverose strade del paese. Alla prematura morte del padre, avvenuta nel 1856, la numerosa prole venne in parte dispersa, e in un primo tempo pare si chiudano per Quinto le possibilità di intraprendere gli studi di disegno, finché si trasferì con un fratello e una sorella a Bologna. Ed è qui, dopo varie tribolazioni, che il nostro consolida la sua vena artistica presto indirizzata negli ideali studi di pittura resi possibili da un generoso sussidio concessogli dalla amministrazione della sua città natia.

Nel 1864 perde anche la madre. Nel 1867 consegue finalmente il meritato diploma e lo stesso anno Cenni si trasferì a Milano che diverrà sua città d'adozione. Sempre del 1867 è il suo primo lavoro noto, oggi purtroppo scomparso, intitolato: "la tumulazione del generale inglese Moore, dopo la battaglia della Coruna in Ispagna".

Nella capitale lombarda egli si perfeziona nella tecnica dell'incisione, iscrivendosi ai corsi di xilografia e litografia dell'Accademia di Brera dove nel 1870 fu premiato per la litografia. Sono di questi anni gli esordi di quella poliedrica e monumentale attività dell'artista nel campo dell'illustrazione grafica. Dapprima collaboratore del periodico Emporio pittoresco, di cui fu il primo illustratore di soggetti a carattere storico-militare, disegnò poi per varie altre riviste come La Cultura moderna, La Lettura Epoca, L'Illustrazione italiana, La Rivista illustrata, Lo Spirito-folletto ed Emporium.

Oltre a lavorare per le riviste si dedicò anche all'illustrazione di libri, come *Niccolò de' Lapi* di Massimo d'Azeglio. la strada è ormai tracciata, Cenni prosegue infaticabile nei suoi progetti artistici ed editoriali, Nel 1870 pubblica il corposo *Custoza 1848-1866* e il numero unico *I Bersaglieri*, dedicato al famoso corpo di fanteria nel cinquantenario della sua costituzione. Negli stessi anni videro la luce anche gli album *L'esercito italiano*, *Eserciti europei* e *Gli eserciti d'oltre mare* editi tutti da Vallardi. Libri oggi molto ricercati da collezionisti di tutto il mondo. Questi primi vennero seguiti da *I Granatieri* (1887), *Nizza cavalleria*, *I Carabinieri Reali* (1894), *Cavalleggeri Saluzzo*, *Lancieri di Firenze* (1898 e 1900), *Avanti l'artiglieria* e *Il Genio militare*.

Quasi sempre editi da Vallardi, ma compaiono anche i primi tentativi di editare direttamente col nome Cenni! In questa nuova veste anche di editore, Quinto Cenni rompe gli indugi e nel 1887 fondò a spese sue *L'Illustrazione militare italiana*, illustrata con tavole e disegni militari. Impresa questa che durò per oltre un decennio terminando appunto nel 1897. *L'Illustrazione militare italiana* valse al Cenni numerosi riconoscimenti, incarichi e una certa notorietà anche fuori dai confini nazionali. l'opera, la più importante realizzata del Cenni rappresentò quanto di meglio si pubblicava allora in Italia in merito alle tradizioni, la storia e la composizione dell'Esercito Italiano. Cenni sperò che questa pubblicazione potesse essere fonte di quel guadagno che gli era venuto a mancare per i dissidi con l'editore Treves.

Il periodico fondato da Cenni, come detto fu accolto con grande favore e diffuso in vari Paesi, dove ebbe abbonati, corrispondenti e collaboratori. Il governo portoghese gli conferì la prestigiosa onorificenza dell'Ordine militare di Cristo. La pubblicazione gli diede molte soddisfazioni, ma purtroppo non quelle economiche.

Ricchissima di notizie, anche relative a viaggi ed esplorazioni. Molti gli articoli di storia militare in particolare relativi a episodi risorgimentali. Fu sempre a seguito di questa opera che il ministero della Guerra italiano gli commissionò un album illustrato sulla campagna del 1859, che venne poi pubblicato a cura dell'Ufficio storico del Corpo di Stato Maggiore col titolo *Album della guerra del 1859*. A questo importante lavoro seguirono poi il numero unico *Aosta la veja*, l'*Atlante militare dedicato alle uniformi degli eserciti europei del tempo*, e *L'Esercito italiano nella nuova divisa* (uniformi del 1910). Tra il 1912 e il 1913 lavorò all'*Album della guerra italo-turca e della conquista della Libia* che fu il primo lavoro italiano di questo tipo pubblicato a dispense, poi riunito in unico fascicolo. Nonostante l'enorme amore e trasporto per le divise e le uniformi, oltre che per tutti gli aspetti della vita militare, Quinto Cenni, il romagnolo naturalizzato milanese, che dedicò tutta la sua vita all'illustrazione del costume militare non vestì mai l'uniforme, non fece mai il soldato. Fu però di fatto un accasermato, poiché non perdeva occasione per stare attorno o nei dintorni di qualsivoglia struttura militare. Sempre molto vicino ai soldati che ritraeva di continuo, passando interi pomeriggi all'interno delle caserme dove, vista la sua fama consolidata, aveva ormai libero accesso, sempre accolto con estrema simpatia.

Quinto Cenni morì in piena prima guerra mondiale il 13 agosto 1917, dopo aver vissuto praticamente tutte le fasi risorgimentali del nostro paese, nella sua casa di proprietà di Carnate in Brianza mentre instancabile stava lavorando alla sua ultima serie dedicata ai Ducato di Modena e Ducato di Parma per il dottor Gustavo De Ridder e per il medico olandese H. J. Vinkhuijzen.

L'OPERA DI CENNI

La vastissima produzione artistica di Quinto Cenni è oggi custodita in parte dalle Istituzioni pubbliche e in parte da numerosi collezionisti privati sparsi per tutto il mondo. In Italia, presso il Museo Nazionale di Castel S. Angelo a Roma sono conservati 288 acquarelli. Questi sono in gran parte gli originali donati dagli eredi Cenni all'allora Presidente del Consiglio Mussolini. Il Museo del Risorgimento di Milano a sua volta conserva oltre un centinaio di acquarelli sui volontari del Risorgimento.

Anche la Pinacoteca civica di Imola conserva qualche campione del suo illustre concittadino.. Ma è soprattutto l'Ufficio Storico dello Stato Maggiore dell'Esercito a possedere la gran massa dei lavori del Cenni. Oltre all'archivio privato dell'artista, una raccolta di moltissimi documenti divisi in vari volumi, dove Quinto e il figlio Italo dopo di lui hanno raccolto appunti e disegni sulle uniformi, sulle armi e sugli eserciti di tutto il mondo e tutte le epoche. Denominato Codice Cenni esso è costituito dalla raccolta dei lavori del Cenni realizzati fra il 1867 e il 1917. Unica nel suo genere, questa preziosa e irripetibile collezione si compone di venticinque album. Sono migliaia di soggetti in più di duemilacinquecento fogli, "soldatini" bellissimi e coloratissimi.

Vere e proprie pere d'arte nelle quali la cura del particolare e la puntigliosa descrizione degli oggetti di corredo e delle varie parti delle uniformi vengono fissate e arricchite spesso da commenti in lapis dell'artista a piè di pagina. Questo enorme dossier contiene anche migliaia di lettere, fogli, cartoline, blocchi per appunti, pagine di quaderno ricoperti di una scrittura inconfondibile, stralci di regolamenti, repertori militari, prescrizioni, opuscoli e circolari; molti fogli riportano schizzi, disegni, bozze di lavori e altro prezioso materiale fondamentale per ogni studioso di uniformologia.

LA COLLEZIONE VINKHUIJZEN

Recentemente, 50 acquerelli di Quinto Cenni sul Ducato di Parma al tempo di Maria Luigia, dei quali non si conosceva l'esistenza, sono comparsi in mostra al Museo di New York. Essi facevano parte della grandiosa collezione del già citato medico olandese H. J. Vinkhuijzen. Questi, un appassionato cultore di iconografia militare era un contemporaneo del Cenni, visse infatti fra il 1940 e il 1910.

Collezionista eccentrico, il Dr. H. J. Vinkhuijzen, iniziò la sua carriera come medico dell'esercito olandese fino a diventare medico ufficiale di corte del principe Alessandro dei Paesi Bassi. La sua vasta collezione arrivò a contare oltre 32.000 soggetti. Moltissimi e pressoché sconosciuti quelli realizzati espressamente per la sua collezione da parte di Quinto Cenni. Dal 1911 la collezione è stata donata alla New York Public Library dal sig. Henry Draper erede del medico olandese. Ed è questa collezione a costituire la gran massa dei **Quaderni Cenni** che Soldiershop ha in corso di pubblicazione. Ogni immagine ha subito una rigorosa pulizia e ri-classificazione per fornire agli appassionati di storia militare e costume un opera complete e agevole, di notevole importanza per gli studiosi di uniformologia e non solo.

Le truppe del Ducato di Modena

1598 —— 1859

Notizie raccolte e coordinate dal Pittore Cav.

Quinto Cenni.

Residente a Milano (Italia)

~ coll'appoggio di documenti ufficiali ~

1903 — 4

—— Brevi cenni sull'origine del Ducato di Modena ——

Il ducato di Modena cominciò ad esistere col 1452 ma era ducato soltanto di nome, poichè effettivamente dipendeva dal ducato di Ferrara dove risiedeva – sovrana di tutto lo Stato – la ducale Casa d'Este. Morto però in ottobre del 1597 il duca Alfonso II senza alcuna prole, il Sommo Pontefice pretese che Ferrara, essendo feudo della Chiesa, dovesse alla Chiesa stessa ritornare in seguito all'estinzione del ramo diretto di quella Casa ducale, mentre, invece, il Consiglio di Reggenza del ducato aveva già chiamato ed innalzato al trono Don Cesare, l'unico e lontano rappresentante della Casa. Il Papa allora fulminò la scomunica, ma poichè il duca Cesare intendeva di resistere, venne all'armi e mise in piedi un esercito di ben 25,000 uomini. Allora il duca, vedendosi abbandonato dagl'altri Stati d'Italia e trovandosi ancora con troppo scarse forze, decise di cedere Ferrara alla Chiesa e di contentarsi di Modena e Reggio e trasferì in Modena il suo governo, venendovi consacrato duca il 20 Gennaio 1598. Così, mentre da questo giorno e per volontà del suo nuovo sovrano, il papa Clemente VIII, Ferrara perdeva ogni suo splendore e con esso il suo commercio e la sua popolazione fino a ridursi – quale ora è – una semplice e squallida città di provincia non d'altro ricca che di belle e gloriose memorie, per lo stesso motivo e per lo stesso uomo, Modena diveniva la capitale, relativamente brillante, di un nuovo Stato che doveva durare – con poche interruzioni – ben più di due secoli, cioè fino al 20 Agosto 1859.

Duca Cesare d'Este

— Secoli XVI e XVII —

~~~ Stato militare del Ducato ~~~

Sembra, dai vari documenti consultati in Archivio, che il ducato di Modena —al tempo della sua dipen-

denza da quello di Ferrara— avesse per sua propria custodia (città di Modena) un corpo di 90 fanti sti-

pendiati, coadiuvati poi in tale servizio dai Cavalli leggieri, dagl'Archibugieri pagati, dalla Guarda (sic) della

Piazza e dalla Militia. Trasportata la sede del ducato da Ferrara a Modena, il duca Cesare vi

trasferì naturalmente anche il suo piccolo esercito, il quale dai succitati documenti apparisce che

fosse composto come segue:

Compagnia di 100 corazze dei Gentiluomini di Modena e Reggio,
Guardia Svizzera ed Alemanna,
Cavalleria di Corazze,
Archibugieri a cavallo,
Soldati a piedi,
Fanti stipendiati per la guardia della Città,
Milizie forensi, cioè di campagna.

Un documento del 1625 regola minutamente l'armamento, l'equipaggiamento ecc. delle Corazze (Corazzieri)

e degl'Archibugieri a cavallo.

Un altro dello stesso anno (11 e 12 Giugno) prescrive gl'ordini ed i privilegi di una nuova milizia detta dei Capo-

rioni.

Altro del 1627 indica la forza degl'Archibugieri a cavallo in 1233 uomini.

" del 1640, ma riferentesi alla presente epoca, dà le norme per l'armamento in servizio e giorna-

liero degl'Ufficiali e della truppa a cavallo. Da tali norme apparisce che gl'uffi-

ciali (Luogotenenti ed Alfieri) erano armati anche dell'archibugio (a ruota) come i

loro soldati e che lo potevano portare anche ai trebbi (Trivii[1]), balli e feste! che

però non potevano portarlo entro le città, terre murate e fortezze entro le quali an-

davano muniti soltanto di spada e pugnale. Ufficiali poi e soldati di Corazze po-

tevano far portare l'armi a due servitori per ognuno[2] e gl'Archibugieri a uno, il

che — aggiunge il documento — è in uso anche per gl'Archibugieri a piedi. Dallo stes-

so documento si rileva pure: 1° che i cavalli portavano per marca le iniziali del coman-

dante della compagnia con sopra le iniziali, il San Marco (!?) 2° Che tutte le casac-

che di una Compagnia devono essere eguali (primo indizio di tenuta uniforme!) a

---

(1) Incrocciamenti di tre strade (dal latino Trivium) e nei quali pare che a questi tempi avessero luogo riunioni di bassa gente a scopo di fiera, di feste, di mercato, il tutto non troppo pulito, per modo che anche
oggi le parole trivio e triviate sono sinonime di modo di parlare non scelto. G. C.

(2) Ed anche a tre, ma stipendiati dal rispettivo ufficiale - c.s. (come sopra).

3° Che «ogni compagnia dovrà avere: 1 Portiere, 1 Cancelliere (scrivano), 1 Mares_
«calco, 1 Trombetto, con tanti Caporali quanti giudicherà il Generale essere neces_
«sarij» (Dal che si comprende anche esservi un Generale comandante di tutto l'eser
cito).

Un documento del 1627-70 dà gl'Ordini sopra la carica del «Collaterale» (Tesoriere e Pagatore generale).

1628 Muore il duca Cesare e gli succede il duca:

Alfonso d'Este III

1629 Il duca Alfonso si fa frate e gli succede il duca:

Francesco I d'Este

1635 (Il ducato s'ingrandisce coll'acquisto dei due Principati di Carpi e di Correggio, aumentando natural
mente la forza del proprio stato militare, talchè il duca, che è uomo di guerra, arma 4000 fanti e 1000 caval_
li e li manda sotto gl'ordini del principe Luigi suo zio (e col sussidio di 5000 Spagnuoli) contro i Franco-pie
montesi) [1]

1640 7 Settembre – Del documento che porta questa data abbiamo già parlato più sopra perchè riferentesi al tempo
in cui viveva il duca Cesare. (v. 1625).

1642 (Ha luogo una lega difensiva con Venezia, Parma e Toscana contro il Papa; il duca si obbliga a sommini_
trare per parte sua un contingente di 2000 fanti e 300 cavalli).

1643 (Proseguendo la detta guerra il duca prende egli stesso il comando del corpo d'operazione (3000 fanti; 1500 cav.)

1655 24 Novembre – Estratto della capitolazione avvenuta alla stessa data in Modena e per la quale il conte
Giov. Filippo di Luningen si obbliga di levare al soldo del ducato un reggimento
di fanteria ed uno di cavalleria, tutta gente alemanna [2]; regg.to fanteria:

Reggimento di Fanteria – 1° «Prima dovrà havere le sue Compagnie d'ottanta soldati per cadascheduna senza gl'ufficiali arma_
ti di spada, dicono essere in tutto seicento quaranta in otto compagnie»
12° «Che tutta la gente debba essere Allemana»
13° «Che tutta la suddetta leva e recluta debba essere ne' stati di Sua Altezza Serenissima per
tutto li quindeci di Maggio prossimo senz'altra replica, eccettuando due compagnie [3] che
16° «Che il detto Reggimento habbia da essere delle Guardie di S.A.»
17° Questo articolo descrive le paghe e da queste si può dedurre la gerarchia che è la
seguente: Colonello, Sergente Maggiore, Capitano, Tenente, Alfiere, Sergente, Furiere
Scrivano, Caporale, Tamburo, Soldato.
Segue regg.to cavalleria ——

(1). Questi intermezzi entro parentesi sono tratti da storie varie.

(2). Alemanna cioè Tedesca; questo vocabolo è ancora in uso presso i vecchi Piemontesi (Alaman).

(3). Queste due compagnie erano in più delle otto convenute nella capitolazione e sembra che il conte
le dovesse al duca per effetto di una capitolazione antecedente forse non interamente com-
piuta.
                                                              G. C.

Regg.to di Cavalleria: /178/ "In oltre al medesimo Sig.r Co: Sua Altezza concede un Reggimento di Cavalleria di Corazze Allemane, aggregando al medesimo Regimento la sua propria Compagnia franca e quella del sig.r Domenico Erasmi con obligo di rinforzare le soprascritte due Compagnie al numero di quaranta soldati conforme all'accordato"

18° "Dovrà di vantaggio rinforzare lo stesso Regimento sino al numero di centosessanta soldati, montati ed armati di spada ed ogni altra cosa neccessaria, con aggiungervi la leva d'altre Compagnie sino al numero di quattro in tutte compresa la (sic) del Sargente Maggiore Pistolozzi, che per fare la leva nei Grigioni si è accordata a diciotto (1) doble, montati ed armati come sopra "senza pistole(2)

21° "Che si habbiano a contrassegnare colla Marca li Cavalli delle Compagnie del suddetto Regimento".

25° Da questo articolo che comprenda le paghe si ha la gerarchia seguente: Colonello, Sergente Maggiore, Capitano, Tenente, Cornetta, Quartiermastro, Caporale, Soldato.

Un documento del 1655-56 portando la nota della spesa, occorrente ogni mese, per il mantenimento delle truppe (Lire 129,343) viene implicitamente a dare anche la nota dello stato delle medefime ed il quale è il seguente:

Fanteria: Due reggimenti (non essendo rammentato il Regg.o Leiningen si può credere che, al momento di redigere la nota, non fosse ancora in piede di servizio).

" Compagnie staccate 26 (Una delle quali Alemanna).

Cavalleria: " " 11 (nessun richiamo al Regg.o di Corazze Leiningen).

Brigantini e barche (sul Po): Compagnie di soldati 2 - Di Barcajoli 4.

Trattenuti e stipendiati diversi.

1658 Muore il duca Francesco I° e gli succede il duca:

Alfonso IV d'Este

=

1660 24 Febbrajo Un documento di questa data accenna per la prima volta all'esistenza di un corpo di: Bombardieri.

/Il ducato si accresce coll'acquisto del Feudo di Gualtieri. Il principe Almerigo d'Este, di solo 20 anni d'età, si distingue talmente al servizio militare di Francia che è chiamato al comando delle truppe francesi di soccorso a Candia.

1662 Muore il duca Alfonso IV e gli succede il duca:

Francesco II d'Este

=

1663 Un documento di quest'anno dà il "Piano militare di S.A.S. di Modena" (Manoscritto) e che è il seguente:

Caporioni (3)
"Passavolanti" (3)
Bombardieri
Soldati a cavallo
Soldati pagati
Milizie forensi

1669 (Il ducato si accresce coll'acquisto del Feudo di San Felice).

---

(1) Diciotto
(2) Erano inutili le pistole dal momento che il comandante della compagnia era Pistolozzi !!!!
(3).(3) Vedi pagina 6

G. C.

Documento senza data precisa (2ª metà del Secolo XVII) che dà l'elenco completo della Cavalleria dello Stato come segue:

Compagnie di Corazze   3 — Uomini   133
   "   di Archibugieri (?) 16 —   1050
                    Totale   "   1183   (Si ommettono i nomi delle varie Compagnie perché inutili al presente studio).

Un altro documento di data incerta porta ~~indica~~ a tale riguardo qualche particolare speciale della formazione delle

Compagnie suddette, dal quale si comprende che la loro formazione era, in massima, la seguente:
   Capitano = Paggio = Luogotenente = Paggio = Alfiere = Paggio = Foriere = Cavaliere = Trombetta = Marescalco.
In genere gl'Alfieri erano solo nelle compagnie di Corazze, le quali erano anche sole ad aver un armamento che doveva servire — a quanto sembra — per tutta la cavalleria. La denominazione di "Cavalli" era applicata alle restanti 16 compagnie e la sola squadra di Rubiera, numerante in tutto 6 uomini, portava nome di archibugieri.

1675 Novembre 19. Sono create quattro compagnie di _Passavolanti_ a presidio della Città di Modena. (Vedi pag. 6.)

1685 Novembre 25. È creato un _Reggimento di fanteria per la guardia della Città di Modena._

Colonnello comandante ———————————————————————— 1

				Uomini
Compagnia Colonnella:	Capitano tenente - 3 Luogotenenti - 1 Alfiere - 3 Sergenti,	120 Caporali e Soldati	"	128
2ª "	Capitano, 1º Luogotenente, 2º Luogotenente - 3 Sergenti	"	"	125
3ª "	...	"	"	126
4ª "	...	"	"	126
		Totale Uomini		507

Moschetto, oppure fucile ——— Cittadini di Modena — Servizio per 3 anni.

1686 La Fanteria del Ducato di Modena comprende: il Colonnellato di Modena: 7 Compagnie: Uom. 2800

"	di Carpi:	4	"	885
"	di Correggio:	4	"	968
"	di Rubiera:	2	"	356
"	del Finale:	6	"	1200
"	di Sassuolo:	3	"	420
"	di Sestola:	5	"	1200
"	di Montefiorino:	3	"	600
"	di S. Felice:	5	"	562
"	di S. Martino d'Este:	3	"	500
"	di Vignola:	6	"	1011
"	di Spilamberto:	4	"	560
"	di Guiglia:	3	"	443
"	" Montespirino:	4	"	424
"	di Nauledoro:	3	"	536
poi le Compagnie sciolte -	Solinago:	2	"	240
"	" Formiggine:	3	"	420
"	" Castelvetro:	2	"	510
"	" altri feudi:	42	"	3000
Ducato (soggetto) di Reggio:	Colonnellato di Reggio:	9	"	2850
"	di Castelnuovo:	2	"	1520
"	di Brescello:	2	"	540
"	di Montecchio:	3	"	580
"	di S. Polo:	4	"	420
"	di Toanno:	2	"	140
Compagnie sciolte:	Gualtieri:	4	"	390
"	" altri feudi:	34	"	1800
Garfagnana	———			2000

Totale Compagnie di Fanteria — 178 - Uomini 26,555 (!)

La Cavalleria del Ducato di Modena comprende

			Cavalli	Avanfaton (?)
2	Compagnia di	Modena	101	49
2	"	di Carpi	36	11
2	"	del Finale	42	13
1	"	di Fanano	57	15
1	"	di Montecreto	55	13
1	"	di Novi	27	6
1	"	di Novereto	15	1
1	"	di Sassuolo	59	9
1	"	di Vignola	44	6
1	"	di S. Felice	46	4

Ducato (soggetto) di Reggio:

1	"	di Reggio	44	18
1	"	di Montecchio	27	4
1	"	di Cavriago	22	2
1	"	di Brescello	28	4
1	"	di Gualtiero	40	3
1	"	di Castelnuovo	34	10
1	"	di Castelvetro	83	19

Totale Compagnie di Cavalleria: 19 " Cavalli 760 Avanfaton 186

Fanteria	26,555
Cavalleria	760
Avanfaton	186
Totale	27,501

(1) Non si sa che cosa sieno questi Avanfaton ma si ritiene che siano i Forieri.   O.9.

(Questa cifra di 26.555 o più fanti apparisce enorme per un piccolo Stato qual'era il ducato di Modena e Reggio, ma può passare come la cifra vera quando si pensi che essa era costituita in gran parte di milizie foresi (di campagna) e di Milizie cittadine le quali poco gravavano sul bilancio dello Stato e servivano solo per certe date e rare contingenze) C.9.

1691 Composizione o _ruolo_ delle 4 compagnie "_Passavolanti_" della Città di Modena.

> (25 Febbraio) 1ª Compagnia: Capitano, suo paggio, Tenente, Alfiere, Portinsegna, 2 Sergenti; Cancelliere,
> (26 ") 2ª " : In tutto come sopra.   Aiutante del capitano, Tamburo, Caporali, Sottocaporali,
> (27 ") 3ª " : " " " }
> (28 ") 4ª " : " " " } Queste 3 compagnie però hanno un Sergente in meno.

Un altro documento della fine di questo Secolo pone ancora in nota colle altre milizie quelle dei "Caparioni", quella dei "Passavolanti" e quella dei "Bombardieri".

1694 Muore il duca Francesco II e gli succede il duca:

Rinaldo I d'Este

—

Un ultimo documento di questo Secolo XVII porta un nuovo ruolo delle Milizie cittadine e foresi secondo il quale la fanteria delle medesime è salita a uomini 27.160, ma non si capisce se questa cifra comprenda anche i comandanti e gl'ufficiali. Pare di nò; in questo caso converrebbe aumentarla di almeno 300 ufficiali. — In quanto alla Cavalleria essa pure è salita di numero arrivando — pare senza gl'ufficiali — a uomini 991 onde —

Fanti . . . 27.160
Ufficiali . . . 300 circa
Cavalli . . . 991
Ufficiali . . . 70 circa

Avremo una forza di — Uomini 28.521 circa

senza contare le "Milizie" stabili suddette e le mercenarie. Non meno certamente di

30.000 uomini !

Nota - I Caparioni. Era una milizia civile denominata così dal nome dei suoi capi (Capurioni)
Essa era divisa in 4 corpi, uno per ognuno dei 4 quartieri di Modena, i quali erano: Porta Castello,
Ogni corpo numerava: 1 Caparione, 1 Sergente maggiore, 1 aiutante   " Bologna,
Ogni centuria 1 Luogotenente   1 Luogotenente 1 alfiere, 1 Tamburo   " S. Francesco,
         2 Sergenti, 4 caporali   2 Cancellieri, 2 Furrieri   " S. Agostino.
         1 Tamburo   8 Centurie — 648. Totale per Corpo 658
Passavolanti "Milizia plebea   30 Picchieri armati
(di Modena) divisa   30 "   Totale dei Caparioni 2732 (Sembra che effettivamente non
in 4 corpi, uno per   30 Moschettieri   superassero mai i 2600)
quartiere, di 250 uo-   30 Archibugieri - Totale per centuria: 108
mini per ognuno;
Totale 1000.

Questo è in riassunto lo _stato_ — documentato — delle truppe del _Ducato_ di _Modena_ e _Reggio_
nel Secolo XVII

G. Cenci

Spiegazione delle Tavole
aggiunte all'Opera Milizie Estensi

Tavola-Frontispizio.

A. Tipi – a sinistra: Armigero Estense del Secolo XII (Tipo padovano dell'epoca) — al centro: Cavalleggero Estense, Secolo XVI (Tipo veneziano del tempo) – a destra: Sergente porta bandiera 1863.

B. Bandiere – In mano al fante Estense del Secolo XII – Prima bandiera estense (1239)
"   "   al cavalleggero Est.º del " XVI – Cornetta di cavalleria 1800 circa (ideale)
"   "   al Sergente del 1863 – Una delle due bandiere del Regg.º Estense di linea.
a destra del cavalleggero (sua sinistra) Stendardo delle Guardie Nobili d'Onore – 1814.
a sinistra indietro, fra le armi bianche – bandiera rossa che si trova nello stemma del tamburo che ho veduto a Costa di Mezzate (Museo Camozzi Vertova). Id. id. a destra. Id. bianca id. id. id. — (Non so dire in alcun modo a che date si riferiscono tali bandiere mai più viste da me, ma sono certissimamente dei secoli XVII e XVIII.
a sinistra sotto la testa del cavallo – Bandiera del 2º Battaglione Estense, 1848.
a destra – Bandiera di Volontari 1831-40 (circa).
a sinistra (partendo dallo stemma turchino ad aquila bianca) Bandiera di forti e stabili ment. 1831.
a destra "   "   "   "   "   – Bandiera sconosciuta copiata dal ritratto del Zucca di Sosro (1628) che si trova nel "Littar. Ignoro che cosa sia.
a sinistra, dietro l'armigero – Bandiera colonnella dei Reggimenti Nazionali 1740.
a destra "   il sergente del 1863 – Bandiera d'ordinanza del 4º Regg.º Nazionale (del Prignano). 1740
a sinistra "   la Bandiera colonnella suddetta – Bandiera, e fiamma, dei bastimenti (navi).

d. Scudi (Stemmi) Primo in alto al centro – Primo stemma di Casa d'Este: aquila bianca su fondo turchino, circa dal Secolo XI al 1430.
Secondo al centro, più sotto – Secondo stemma estense (inquartato coi gigli d'oro di Francia per concessione di Carlo VIII di Francia) del 1431.
Terzo stemma, in terra a sinistra – Terzo stemma della Casa – Inquartato coll'aquila imperiale e coll'aquila bianca e nera su fondo giallo, insegna dell'infeudamento alla Casa d'Este di Modena e Reggio. (Concessione di Federico III imperatore; 1452)
In terra a destra – Quarto stemma coll'aggiunta del palo al centro denotante il Vicariato pontificio di Ferrara 1474 (Il gonfalone ⚓ fu aggiunto più tardi, non si sa in qual epoca.)
(Il stemmino sul tamburo a sinistra appartiene al Secolo XVIII.)
In terra al centro. Stemma Estense adottato dalla Casa d'Austria Este dopo il 1814.
(I stemmini delle bandiere sotto il cavallo appartengono al Secolo XIX.)

d. Tamburi – Gran cassa dei Volontari 1831-40 (circa); eguale, probabilmente, per la truppa di linea. (Dietro il 1º scudo)
a sinistra, dietro lo stemma secondo – Tamburo del Secolo XVIII (Museo Camozzi Vertova di Costa Mezzate)
a destra, "   "   "   "   – "   del Secolo XIX
a sinistra, "   l'armigero del Secolo XII – "   del Regg.º Panteria Nazionale "Modena 1740.
a destra, "   il Sergente del 1863 – "   del 3 "   "Mirandola" 1740.

e. Artiglieria a sinistra – Una colubrina dei Secoli XV e XVI.
a destra – Una spingarda del 1862-63 (Brigata Estense) e dietro di essa un cannone del Secolo XIX.

f. Armi bianche a sinistra ed a destra del cavallo, appoggiate alle vive bandiere – armi da punta ed arnesi d'artiglieria d'ogni genere.

g. In terra a sinistra – Moschetto del Secolo XVIII. Sciabola da sottufficiale di Panteria con sua dragona del secolo XIX 1814-1848. Sciapò da Ufficiale – Bandoliera con giberna da Guardia Nobile – Mazza e Bandoliera del Capo Tamburo. 1849-52 (Nel 1863 i tamburi furono soppressi)
a destra – Fucile del Secolo XIX. Sciabola da sottoufficiale di Panteria con sua dragona 1849-63 – Sciapò da ufficiale – Bandoliera e giberna di Ufficiale di Dragoni – Mazza e Bandoliera di caporale Tamburo 1849-52 (v.s.
al centro – La coccarda estense.

H. Medaglie a sinistra – Prima in alto – Medaglia "Fideli Militi" decretata da Francesco IV nel 1831
a sinistra – Distintivo di anzianità 1ª classe sottoufficiali –
a destra " " " IIª " } 1843
al centro (sinistro) Croce d'anzianità per ufficiale, pr. 25 anni di servizio } 1852
al (destro) " " " " " pr. 50 " "
Subisso a sinistra – Medaglia pel merito Militare – 1852
" a destra – " commemorativa della Brigata Estense 1863

Tavola primissima - La sovrana Casa d'Este.

A sinistra in alto: La Città e castello di Este (da un disegno del 1480) ed una figura: cavaliere estense del Secolo XI circa (tipo Padovano dell'epoca)

A destra in alto - Il castello di Ferrara ed un cavaliere del Secolo XVI "Lancia" ferrarese.

Al centro in alto - Il ritratto del Duca Ercole I° 1471-1505, fiancheggiato da quelli del Duca Nicolò (1393-1441) e di Ercole II (1534-1559). Il centrale a colori; i laterali in semplice disegno.

a sinistra in basso: Cameriere di Corte (divisa del Secolo XVIII) che sostiene uno stendardo color rosa sul quale sono scritti tutti i rami esteri della R. Casa d'Este.

a destra in basso: Ufficiale di fanteria estense del Secolo XVI che sostiene uno stendardo bipartito bianco e turchino, sul quale sono scritti tutti i sovrani italiani della Casa d'Este.

a sinistra, in basso, dietro il cameriere di corte, le vedute di Modena (Ghirlandina ed angolo destro del palazzo Ducale; di Carpi - il Castello.

a destra, in basso, dietro l'ufficiale di fanteria: Rovigo; Reggio.

Al centro in basso = Alfonso II, ultimo Duca di Ferrara

Gli stemmi di Este, Ferrara, Modena, Carpi, Rovigo e Reggio, disposti artisticamente, concorrono a rendere più ricca e più adatta al suo scopo codesta composizione.

N.B. I ritratti sono presi dal "Litta"; le vedute dalle "100 Città d'Italia" e da cartoline illustrate; i tipi da documenti vari.

Tavola primissima N°2 - I Possedimenti della R. Casa d'Este.

In basso: I possedimenti di Casa d'Este dall'884 al 1859 - Proiezione artistica a volo d'uccello.

In alto a sinistra.   "   "   - Carta grafica a semplice disegno in bianco e nero

In alto a destra: I possedimenti, come sopra, fuori d'Italia.   "   "   "

Intorno - Castello, famosissimo, di Canossa - Castelli, famosi, di Sestola, Sassi ed altro, ancora da scegliere

Tavola seconda prima del 1814. da collocarsi subito dopo la prima del 1814.

1 e 2 Ufficiali, militare e civile, della Reggenza. 3 Comandante Austriaco - 4 Ufficiale comandante della Guardia Urbana di Reggio (uniforme proposto ma non accettato). 5. Ufficiale subalterno della Guardia Civica di Reggio. 6. Soldato della Legione Austro-Italiana, contingente modenese. 7 Primo uniforme proposto pel Battaglione Estense. 8 Secondo id. id. - 9 Terzo id ed accettato. 10 id. id. 11 Uniforme proposto e - sembra - accettato per la Guardia Civica di Reggio. 12 Id proposto per la Guardia Forense di Reggio e non accettato. 13 Id. id. id. accettato (caporale). 14. Prima provvisoria, uniforme dei Veterani. 15 Prima, provvisoria, uniforme dei Dragoni (Gendarmi).

La scena suppone una presentazione ufficiale delle uniformi nel gran cortile del palazzo ducale di Modena.

(1) Il grado di caporale è contradistinto dalla dragona bianca o blu, mentre quella del soldato è tutta bianca (così).

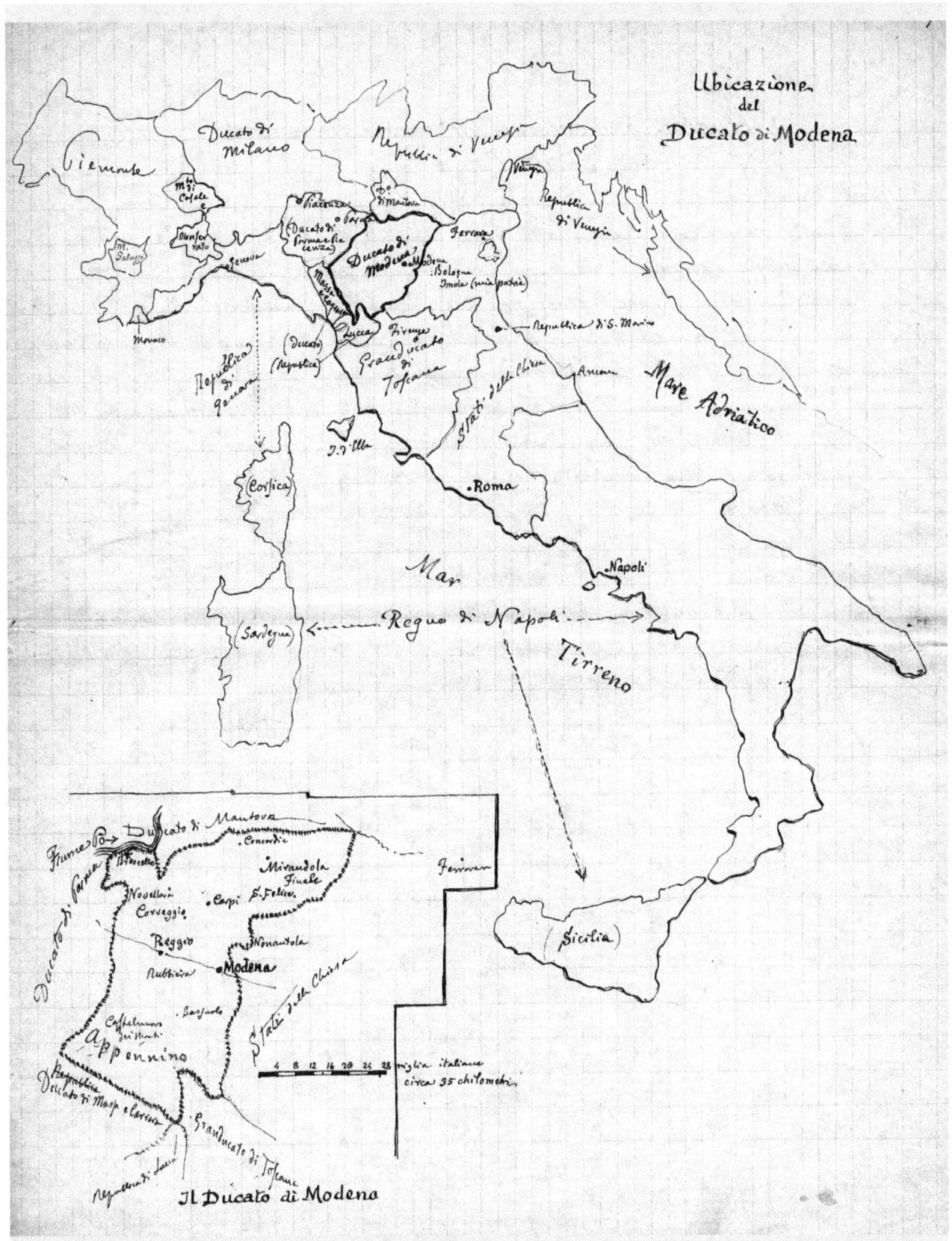

Ubicazione
del
Ducato di Modena

Il Ducato di Modena

Illustrazione colorata di questo Argomento
Tavola 1ª
Secolo XVII

Questa Tavola rappresenta tutto quello che si è potuto trovare di sicuro e tutto ciò che
vi si è potuto aggiungere di approssimativamente <u>supponibile</u> intorno allo stato militare del Ducato di Modena e Reggio nel Secolo XVI e nel Secolo XVII (dal 1598 al 1700).

N° 1 Duca Alfonso III. Da un ritratto finamente colorato che si trova nella grande opera "Litta-Famiglie
(Esiste un ritratto del Duca   Celebri d'Italia" e che è stato preso da altro ad olio esistente nella Galleria Coccapani
Cesare ma è in civile.)   in Fiorano. Il duca è rappresentato in abito da frate colle armature in terra e le
bandiere. Il resto del vestiario è stato ideato secondo la moda dell'epoca. (1628-29)

N° 2 Duca Francesco I° Stessa provenienza; l'originale è di Van-Dick (?); Il cavallo si vede solo fino al pettorale
(cavallo pezzato di nero e bianco come nell'originale)
" 3 Duca Alfonso IV°   "   "   ; l'originale termina a metà della tunica. Il resto è aggiunto secondo
la moda 1659-1661
" 4 Duca Francesco II°   "   "   ; il tutto come qui sopra – 1662-1693.
" 5 Duca Rinaldo I°   "   " in parte ed in parte da una
medaglia che lo fa vedere di profilo   "   1693-1700.
" 6 Principe Almerigo d'Este: Dalla statua posta sul suo monumento = 3 colori quindi, sono ideali
ma fatti secondo la moda di Francia. 1660 circa-Sciarpa bianca.

Questi sei ritratti di duchi di Modena sono tratti da incisioni colorate finamente eseguite (Litta "Famiglie nobili
d'Italia")

" 7 Corazza (cioè: Corazziere). È preso di pianta da una corazza figurata in un libro di cavalleria dell'epoca
stampato a Bologna (che dista da Modena 30 chilometri circa). L'elmo però l'ho cam-
biato con altro copiato da me nell'Armeria Aria di Bologna nel 1867. Del resto spada a pianta d'amendue le ...: sono quali prescrive il Regolamento del 1625 (v. pag. 2)
La sciarpa turchina (a colore del Duca) e da sinistra a destra è di prescrizione.

8 Archibugiere a cavallo. È preso esso pure dal libro figurato di Bologna di cui qui sopra, avendo cura di
di tenermi, per ogni particolare, alla descrizione che ne dà il Regolamento suddetto 1625.
La casacca poi doveva essere eguale per tutti in una stessa compagnia e colle maniche
aperte.

9 Passavolante o Fuciliere.- Vestito ed armato alla moda, non uniforme, dei tempi ma con colori seve-
ri, cioè non brillanti.

10 Guardie Svizzere od Alemanna.- Le ho vestite alla moda, sfarzosa, del tempo (giubbone ordinariamente rosso con ricami d'argento (l'argento era il colore metallo preferito dai duchi
d'Este anziché l'oro). Gli ho dato poi la forma originale di alabarda che ho trovato
nel ritratto del Duca Alfonso, assieme alle bandiere che sono nel centro ed ivi pure trovate.

11 Milizia qualunque.- Già alla fine del Secolo il color bianco era venuto generalmente in uso nelle
truppe. Lo avevano le austriache (Alemanne come si dicea allora) e ciò basta per
stabilire che lo avessero quelle di Modena. La cravatta è rossa perché l'ho vista più usata
spesso; il nodo davanti indica caporale (se fosse di dietro sarebbe soldato). paramani
larghi si ma bassi secondo la moda del Secolo e turchini per opposizione al bianco del giubbone (colori del Ducato).

In alto a sinistra di chi guarda: Stemma della ducale Casa d'Este, sovrana del ducato e Corona ducale.
"   " a destra . — —   "   : Stemmi di Modena (croce turchina in campo giallo), Reggio (croce rossa in campo bianco) e Carpi.
Nel fondo: a sinistra il giardino pubblico colla serra edificata nel Secolo XVII - poi la celebre torre della "Ghirlandina"
legittimo orgoglio di ogni buon Modenese, ed infine il palazzo già ducale, ed oggi reale, in-
alzato nel Secolo XVII e finito in quello XVIII.

Quinto Cenni

1702 16 Settembre — Notificazione sopra le denuncie delle armi da fuoco. Da tale denuncia

sono esenti i Corpi e personali stipendiati, i quali sono:

Guardie del Corpo	Uomini 60
Guardie Svizzere	" 22
Compagnie delle 4 porte di Modena	
(4 ufficiali e 47 uomini per ognuna)	" 204
Ufficiali dipendenti e riformati	" 27
Esecutori della giustizia in Modena	" 36
	Totale. 349

(Da questo documento si rileva che esistono di già le Guardie del Corpo, che la guardia del
Palazzo Ducale non contiene più soldati Alemanni e che le compagnie delle Porte non hanno più
il nome di "Passavolanti"[1]. Non si capisce però perchè non sieno compresi fra i Corpi stipendiati
le Corazze, i Dragoni, i Bombardieri e la Fauteria, i quali corpi tutti esistono, già come si
vedrà in seguito. Non esistono invece più i Caporioni, nominati più volte nel Secolo scorso[2].
Per Ufficiali dipendenti poi noi crediamo si debbano intendere quelli dei vari uffici militari)

1704 Gennaio 1 — Notificazione sopra la distribuzione della legna, olio, ecc. dalla quale si rileva
quello che più sopra abbiamo detto e cioè che esistono i Corpi di Casalleria, Dragoni, Fauteria, perchè
sono espressamente rammentati nella detta distribuzione)

1717 Il ducato di Modena e Reggio si accresce coll'acquisto del principato di Massa e Carrara (portando così i suoi confini al mare!!

" Maggio 21 — Si parla di soldati a p. ed a c. stipendiati e non stipendiati (1)

1718 (Un documento del 20 settembre, personale per due ufficiali,
fà vedere che esistono anche i seguenti due corpi (o varietà di corpi):
Compagnia Carabinieri a piedi della Guardia del Palazzo (!?) a
" Granatieri (!?))b

a Io credo che ques-
ta compagnia di Ca-
rabinieri fosse una
specie di compagnia
scelta della fauteria
e non proprio un cor-
po speciale.

b Così pare per quelli
Granatieri, ma non
posso affermarlo.

1720 Luglio 15 — Una grida di questa data applica a certi soldati il qualificativo di Soldati
di fortuna (forse si tratta di disertori di altri eserciti).

---

(1) I "Passavolanti" era, sembra, un nome qualunque applicato ai soldati delle porte. Il sig.
Direttore dell'Archivio di Modena non può dir altro. Per conto mio, osservando che nella 1ª metà del
Secolo XIX per passavolanti s'intendevano ancora quelli che, stando in 2ª riga, erano fraudolente-
mente incaricati dai loro ufficiali di cambiare in fretta il proprio Posto per coprire altro vuoto onde far
credere che la compagnia fosse completa, opino che i soldati delle porte fossero chiamati "passavolanti"
per la facilità di lasciar passare uomini e mercanzie contro il loro dovere. (Nello stato Pontificio (1855-59)
i soldati di Finanza di guardia alle porte d'Imola si chiamavano "Presentini (Presentéen) forse, per la ragione
opposta, cioè per la loro rigidità che li faceva essere sempre presenti e pronti all'esame delle merci e)
(2) I "Caporioni" era una truppa di città che serviva anche per spegnere gl'incendi. Si chiamavano così
perchè era comandata da ufficiali detti Caporioni. Così il Sig. Archivista di Modena (S. nar. 6)

1734 Dal Regolamento di quest'anno per la distribuzione della legna da ardere, dell'olio per l'illuminazione ecc, la quale è regolata secondo il grado di ogni ufficiale, si viene a conoscere esattamente la gerarchia dei medesimi; la quale è la seguente:

Cavalleria (Corazze?) e Dragoni:	Fanteria
Colonnello	Colonnello
Luogotenente Colonnello	L. ten. colonnello (Comandante il 2° battaglione)
Maggiore	Maggiore
Ajutante maggiore	
Capitano	Capitano
Tenente	Tenente
Sottotenente	Sottotenente
Cornetta	Insegna
Maresciallo d'alloggio (sottoufficiale)	Maresciallo d'alloggio (1)
Capellano	Capellano
Chirurgo	Chirurgo

(Da questo Regolamento si rivela che vi è un corpo di Cavalleria oltre quello dei Dragoni, ma quale? ed inoltre che nella Fanteria vi è il grado di maresciallo d'alloggio, mentre questa denominazione speciale era riservata alla cavalleria. Non si parla di Bombardieri, nè d'altri)

1735 (Nel giornale "Notizie del Mondo" lessi io stesso, vent'anni addietro, che si trattava che il duca di Modena avesse fatto aprire gl'arruolamenti per un Reggimento di Fanteria)

1737 Muore il duca Rinaldo I° e gli succede il duca:

Francesco III° d'Este (V. Tavola II)

1737 Vengono comandati i segnali di lutto per la Guardia del Corpo (V. Tavola II)

1738 Agosto 18 Ordini impartiti agl'impresari per l'uniforme delle Guardie del Corpo

(Da questi ordini si desume: 1° che la detta Guardia si compone di 100 uomini, esclusi gl'ufficiali ed i sottoufficiali, 2° che la medesima è posta sotto il comando di un parente del duca medesimo e cioè di S.a Eccel.za Carlo Emanuele d'Este, marchese di S.ta Cristina, 3° che la detta uniforme è turchina con mostre giallo chamois(*) ed ornamenti in argento, il tutto come si rileva dalla Tavola II della quale diamo ora la descrizione):

(1) Un documento, senza data ma che si ritiene appartenga a quest'epoca, riporta i termini di un contratto con un sarto di Parigi e nei quali si parla di mostre scarlatte (rosso scarlatto) anzichè chamois; ma poi si vede che il chamois ebbe il sopravvento. C. g.

Descrizione della Tavola II

N°1 S.A. Serenissima il duca *Francesco III d'Este*, come lo si vede in un quadro ad olio esistente nella galleria Coccapani in Fiorano. Gli sono stati aggiunti i stivaloni dell'epoca cioè anneriti, atti ed a larga tromba.

" 2 Capitano delle guardie del Corpo coi segnali di lutto e cioè uniforme intiero in panno nero, calze in seta nera; fibbio, elsa e puntale della spada ec abbrunite: ricca banda di velo nero, crêpe, da sinistra a destra, tenuta all'incrovio da un nastrino giallo; velo simile alla spada ed al capello.

" 3 Un ufficiale superiore di Corte in uniforme analoga all'epoca.

" 4 Guardia del Corpo con segnale di lutto da ~~sinistra~~ destra a sinistra (in croce colla bandoliera) e nastrino giallo al nodo - L'uniforme è tolta dall'esame dei vari titoli (abiti, capelli, stivali, fracolte, morsi, carabine, pistole, centuroni, spade, selle ed altri finimenti del cavallo, cazette, sottogiubbe da campagna, calzoni) che compongono gl'ordini dati il 18 agosto 1738 dal sig: capitano marchese di S. Cristina agl'Impresari di tale uniforme — nonchè da un disegno a colori fatto copiare da me, in questi giorni, nel Museo Civico di Modena.

" 5 Corazziere
" 6 Dragone
" 7 Guardia Svizzera
" 8 Staffiere
" 9 Paggio con l'elmo del duca quale si vede presso il di lui ritratto.

Questi numeri 5 a 9 sono appoggiati semplicemente: 1° dalla conoscenza di parti delle uniformi dei n° 5 e 6 che si vengono poi a veder dopo, 2° dalle consuetudini ordinarie per l'uniforme di Guardie analoghe d'altre Corti pel n° 7; e, parimente dalla conoscenza di tali consuetudini, per i n° 8 e 9.

Altrettanto dicasi del n° 3. Per cui le figure 3, 5, 6, 7, 8 e 9 non danno la forma ed i colori esatti del vestiario ed armamento loro, ma soltanto quella e quelli che era più ragionevole di credere che fossero. Tali figure sono quindi per complemento della composizione artistica che rappresenta il Sovrano colla sua Guardia del Corpo in uniforme di lutto.

1738 —— Tavola III - Guardia del Corpo
(V. qui sotto la descrizione *)

1739 Giugno 19 - Piede della Compagnia della Guardie del Corpo e della Guardia Svizzera: La prima comprende lo stato maggiore: 1 Capitano, 2 Tenenti, 1 Cornetta, 3 Esenti, 4 Trombette, 1 Timballiere (Timbalista);

Poi: 1 Poriere, 1 Maniscalco, 1 Sellaro, 4 Brigadieri, 4 Sottobrigadieri, 89 Guardie. Totale, compreso lo St. maggiore: 112 (1)

La seconda annovera: 1 Capitano, 2 Tenenti, 1 Capellano (ossia Confessore), 1 Poriere, 1 Piffero, 1 Tamburo, 4 Caporali, 56 Guardie

Totale 67

(1) Pochi anni appresso furono aggiunti i: Cadetti.

Descrizione della Tavola III

Guardia del Corpo : 1, Ufficiale - 2 Cornetta (alfiere con stendardo) - 3 Brigadiere (il suo grado è indicato dal doppio gallone sulla ^{paramano} manica e dal secondo gallone sotto le tasche. 4 V. Brigadiere (ha soltanto il doppio gallone sulla ^{paramano} ~~manica~~) - 5 Cadetto (si distingue dalle Guardie unicamente per le cordelline sulla spalla destra) - 6 Guardie - 7 Guardia in piccola tenuta - 8 Timballiere - 9 Trombettieri.

Nota. Il Brigadiere è rappresentato in tabarro ed in calze turchine e pantaloni pure turchini, che si portavano, entrambi tali indumenti, nel servizio a Palazzo — La Guardia in piccola tenuta ha, invece, le calze bianche e pantaloni turchini perchè tenuta estiva. Il surtout è tutto turchino; quando le Guardie ogni tanti anni ~~eran~~ rinnovavano il loro uniforme era la cassa della compagnia che ne faceva le spese sotto la sorveglianza rigorosa del Duca medesimo ^(*) e l'uniforme vecchio era lasciato alle Guardie con che però esse ne ricavassero a loro spese tale surtout, il quale doveva essere eguale per tutte. L'"Esente" non è rammentato in alcun modo in tali Disposizioni.

^(*)

1738 Contemporaneamente alla Guardia del Corpo esistevano dei corpi di Fanteria e cioè: Il Regg° Guardie a piedi detto anche "della Palude" dal nome del suo comandante Marchese della Palude. Di questo diamo l'uniforme a Tavola IV

Descrizione della Tavola IV

Reggimento Guardie a piedi (Regg° della Palude) .1 Capitano - 2 Alfiere in tabarro e calzette .3 Sottosergente con bandiera colonnella. 4 Granatiere - 5 Fuciliere, 6 Oboista (Musicante) .7 Piffero di Granatieri - 8 Id. di Fucilieri. 9 Tamburino di Fucilieri.

Nota. La bandiera era portata in questo reggimento da un sottosergente del cui distintivo di grado non si conosce affatto la forma. Le musiche militari a questo tempo erano rarissime e composte unicamente di Trombe, corni e tromboni; i musicanti erano detti Oboisti ed erano sempre 10 ed - al più - 12.

Altri Corpi di Fanteria esistevano ma dei quali non conosciamo i nomi nè le qualifiche. Essendo però venuti in cognizione del colore delle loro uniformi mediante un documento del 28 marzo 1740 ⁽¹⁾ che dà la nota degl'effetti di vestiario vecchio esistente nel magazino militare di Modena sotto tale data, ne diamo qui la rappresentazione a Tav. V

Descrizione della Tavola V

Fanterie diverse . 1 Colonnello di Fanteria turchina a mostre rosse - 2 T. Colonnello di Fanteria Turchina mostre bianche. 3. 4. 5 Capitano, alfiere e Sergente di Fucilieri rossi a mostre turchine 6 Tamburo maggiore (del N°1). 7 e 8 Tamburini dei N° 1 e 3. 4 e 5. - 9 Granatieri a mostre rosse.

(V. nota a pag. 12 —

(1) Oltre ad un altro dello stesso genere ed in data del 27 settembre 1695. — Il documento del 1740 si riferisce ad uniformi già vecchi e fuori d'uso

Nota alla Tav. V I distintivi di grado, di carica ecc. e le varie attitudini delle figure secondo il loro grado sono desunte dal "Flemming - Il perfetto soldato tedesco" 1725.

1740 27 Maggio - "Capitolazione per la levata di un Reggimento straniero sul piede svizzero
« fra il Duca di Modena ed il Luogotenente Colonnello D.n Santino Maderni di Lugano in
« qualità di Colonnello in secondo di detto Reggimento »

Articolo 15° riguardante il vestiario : "Convention pour l'habillement uniforme du Reggiment
« Suisse qui doit se lever par D. Santino Maderni de Lugan au service de S.A.S. Monsei-
« gneur le Duc de Modena, Reggio, Mirandola – signé ce jour a Rivalta. »

Da tale Convention si è formata la Tavola VI della quale si dà ora la descrizione:

Descrizione della Tavola VI (già 3ª)

N° 1 Capitano "en habit de parade avec une aiguillette d'or, echarpe en or et soije bleue"
e le cascate (fiocchi) egualmente "ou d'or en plein a loeur grez ", "(Epees des officiers tout
. "les uniformes en argent, ou argent dorè au grez du Collonel") (Colonnello sciarpa tutta d'oro).
La forma, disposizione e quantità dei bordi e galloni è calcolata sulla disposizione e quantità di quelli dei soldati (N° 1 de l'uniforme pour les soldats) e sulla forma abituale dei galloni od allammarri degli ufficiali in confronto di quelli dei soldati da quest'epoca fino algior-
no d'oggi (Guardie Nobili del Papa) cioè, ad un dipresso, così: (figura) (soldati (figura)).(v. cartolina annessa)
Il resto dell'uniforme: capello, sotto veste, calzoni, ghette (stivali!) scarpe e bastone, è calcato
su quello del soldato e sulle consuetudini del tempo (ved. Tavola IV e seguenti)

N° 2 Tenente in tenuta di campagna (guerra) e d'estate "uniforme tout uni (cioè senza bordi
e senza allamarri) avec l'aiguillette d'or sur l'épaule" — echarpe au grez du Colonnel
Io le ho fatte colle cascate miste di oro e turchino e così pure la dragona. "Enseignes"
(sottotenenti) come i tenenti (ma, certamente con meno di oro tanto nella sciarpa che nella
dragona). Spuntone e bastone.

N° 3 "Porte-enseigne" (da non confondersi coll'Insegna) come un sergente ma coll'"aiguillette"
tutta di seta e colla lunetta sotto stomaco come l'avevano in questo tempo i Port'insegne (od
Alfieri) della fanteria di Modena (v. Tavole IV ad VIII).

N° 4 Sergente colla alabarda e bastone "habit comme les Grenadiers et les paremens bordè
« d'un simple gallon d'or fin et trois allamars d'or fin differents de ceux de grenadiers
« et une aiguillette sur l'epaule moytié soye bleau, moitié or. (figura) gallone (io l'ho ideato così)

N° 5 Caporale "de meme (v. soldato) ma "l'aiguillette tout de soye, metà "colour d'or" metà bleau".
(les appointés comme les Caporaux, sans aiguillette")

N° 6 Fifre   } Gallonati da per tutto colla livrea di S.A.S. cioè a scacchi bianchi e turchini. Abito turchino.
N° 7 Tambours }

N° 8 Grenadiers come il soldato (v. soldato) ma con un bordo di giallo color oro sul davanti e sul
di dietro fino in fondo (v. sergente). (Il capello a pelo colla sua borsa a galloncino a saetta § è desun-
to e fatto sulle abitudini del tempo
relative a questa specie di soldati)

N° 9 Soldats - Sei allamarri di "poil de chevre" color d'oro sul getto, sino alla taglia.
      Sei   "   " sul di dietro.
      Tre   "   " sulla "patte de la poche".
      Tre   "   " sui paramani. — "Veste (sotto giubba) et cullottes bleu".

N° 10 Trabants. Inservienti di ufficiali - perciò senz'armi ed in calzette. Veste come un tamburino e piffero
però senza brasselet (!?).

Volendosi da me presentare uno specchio, il più completo possibile, dello stato delle truppe del ducato di Modena quale si trovava ad essere il 29 maggio dell'anno 1740 per proseguire poi, dal 1° giugno di detto anno in avanti, a segnalare e stabilire, mese per mese, le varie modificazioni introdotte nel loro organico e nella loro uniforme, completo lo specchio medesimo colla presentazione delle due tavole: VII (Dragoni) ed VIII (Artiglieria).

Descrizione della Tavola VII

Dragoni. 1. Colonnello, 2. Capitano, 3 altro ufficiale a la suite (in tabarro), 4 Tenente, a cavallo, 5 e 6 Dragoni a cavallo, 7 Tamburino, 8. Dragoni a piedi.

Nota alla Tavola VII: La composizione rappresenta una rivista passata dal colonnello (Il col.° era il marchese Rangoni ma io non ne ho potuto trovare il ritratto). Il regg° dragoni, detto anche "Regg° Dragoni Rangoni", era suddiviso in 3 squadroni composti ognuno di 3 compagnie di 40 uomini, sottufficiali compresi; comprendendovi gl'ufficiali, i quali pare fossero 4 per compagnie (!), più 2 per squadrone e 6 o 7 per lo stato maggiore, avressimo circa 400 uomini e non 800 come dice — ma non spiega — il documento cui abbiamo attinte tali notizie. Comunque sia sta il fatto che il duca voleva modificare l'organico componendo il corpo di 1 compagnia granatieri di 100 uomini e di 6 di dragoni di 120 ognuna ma non se ne fece nulla; il regg° rimase com'era ma con un solo squadrone in servizio, parte del quale a piedi e parte a cavallo in tutto pare non più di 120 uomini! Tutte queste cifre non meritano alcuna fiducia — per ora — ma in seguito avremo dati ben positivi per stabilirle. L'uniforme era tutto turchino e argento a mostre rosse. La gerarchia era la seguente: colonnello, T. colonnello, Sergente maggiore, capitano, Luogotenente, Alfiere, Sergente, Caporale e Soldato. Dopo il capitano venivano l'aiutante maggiore, capitano esso pure, il Quartier mastro (tenente), il cappellano, lo Scrivano, il Tamburino maggiore (sergente). Il resto della forza era sulla carta, come si dice ora; esistevano soltanto i quadri, cioè gl'ufficiali, i quali pare servissero per terno.

Descrizione della Tavola VIII

Artiglieria 1 Capitano, 2 Sergente, 3 Bombardiere, 4. 5 uomini del traino (conducenti priori). 6 Tenente Ingegnere.

Nota alla Tavola VIII: Si rappresenta un ritorno dall'esercitazione. Il sergente congeda gl'uomini del traino che coi loro cavalli, già distaccati dalla cassa (od affusto) ne ascoltano gl'ordini. I Bombardieri erano pochissimi perché il servizio manuale del pezzo era fatto ordinariamente da soldati di vari corpi, a ciò istruiti; essi li dirigevano. Gl'Ingegneri, a chi in tutto, facevano parte integrante del Corpo.

14

Stabiliti con queste prime otto tavole e relative spiegazioni i capi-saldi della nostra rivista storica, statistica ed artistica procediamo ora alla grande riforma che il duca Francesco III° introdusse nel proprio esercito mediante la creazione dei:

Reggimenti d'Infanteria Nazionale

coi quali diede al medesimo quell'unità d'insieme che prima gli mancava affatto nonché qualche accenno di <u>nazionalità</u> ancora nuovo a quei tempi.

La Creazione dei Reggimenti d'Fanteria Nazionale
1740

1° Giugno	- 1° Reggimento di Fanteria Nazionale	„ di Reggio "
1° Luglio	- 2° " " "	„ di Modena "
1° Agosto	- 3° " " "	„ di Mirandola "
1° Settembre	- 4° " " "	„ del Frignano "

Forza ed Organizzazione

Ogni reggimento ha _ 1 battaglione solo di 4 compagnie di fucilieri

Stato Maggiore: 1 Colonnello, 1 T. Colonnello, 1 Sergente Maggiore, 1 Capo tamburo 4

Compagnie. Ognuna: 1 capitano, 2 Luogotenenti, 1 alfiere
4 Sergenti, 8 Caporali 4 Furieri e furieri addospitatori
4 Tamburi 130 uomini di truppa

Totale per compagnia 154
per 4 Compagnie
$$\frac{616}{} \quad 616$$
Forza di un $\quad 4$
Reggimento $\quad 620$
$\quad 4$
Forza dei 4 Regg.ti insieme 2.480

Uniforme

Giustacuore (Abito, marsina, veste $\underline{\underline{q}}$) Bianco, senza colletto, paramani <u>en botte</u>, un petto solo di 6 bottoni, disposti $\begin{smallmatrix}1\\2\end{smallmatrix}::$, falde rovesciate per sergenti, caporali, soldati e tamburi, tasche a 3 bottoni, sopra $^3::$ spalla a paramani di color distintivo.

Colori distintivi: 1° Turchino, 2° Rosso, 3° Verde, 4° Giallo.

Camiciuola (Sottoveste). Bianca, stretta al corpo, falde corte e con due tasche a 3 bottoni, maniche strette e corte che lasciano sporgere il rigonfio delle maniche della camicia, senza colletto, una fila sola di bottoni correnti (uno dopo l'altro)

Bottoni 6 al petto del giustacuore; 3 ad ogni tasca, 3 ad ogni paramano, 2 uni sopraspalle, 2 alle

taglia, Totale 22 – Nella camiciuola: 14 nel petto, 6 nelle due tasche, 2 nelle maniche; Tot. 22

4 nei calzoni. Totale bottoni 48. Metallo – gialli pr 1° e 3°, bianchi per 2° e 4°.

Calzoni (o pantaloni) bianchi.

Stivaletti (o ghette di tela) bianchi con bottoni di legno; cinturino (o legaccio) di vacchetta (pelle di vacca) con fibbia.

Scarpe a punta quadra e lacciuoli

Capello nero a tre punte con bordo d'oro (o d'argento) falso, cappietto bianco o giallo, coccarda nera.

Cravatta di vacchetta rossa o nera con fibbia di ottone o di ferro

Coda di bavella nera

Distintivi. Sergente: gallone d'argento, o d'oro, al paramano con tre alamarri id. verticali partenti dai 3 bottoni

Furiere: gallone come sopra ma sotto la linea dei bottoni.

Caporale: gallone "   " ma stretto e sopra la linea dei bottoni.

Tamburino maggiore - distintivi di sergente oltre la livrea dei tamburi; alette sulle spalle
di color distintivo gallonate di livrea

Tamburini – gallone di livrea alle tasche, al paramano, alla cucitura della spalla, alla tra
colla porta-tamburo.

Bastoni (o mazze) di legno con correggia per appenderla ai bottoni del giustacuore (la correggia di
cuoio). La usano i sergenti; forieri; caporali e si porta colla stessa mano che porta il fucile.

Ufficiali : Giustacuore bianco lattato (latte), rovesci (revers) di color distintivo al petto, lunetta
in oro a contorno e trofeo (F. III) inargentati; sciarpa, guanti bianchi; bottoni inargentati
o dorati; fibbie alle scarpe id., stivaletti bianchi con cinturino id. fibbia e bottoni oro od argento – camiciuola e pantaloni bianco latte; capello a bordo oro od argento e coccarda nera.

Distintivi di grado. Ufficiali superiori: gallone festonato al capello; liscio ai paramani
ai revers, alla camiciuola, alle tasche del giustacuore e della camiciuola; doppio
alla gualdrappa e fonda della pistole. – Colonnello: punta e frangia dello spuntone,
sciarpa, dragona, pomo e catenella del bastone in oro – T. Colonnello: punta dello spuntone inargentata e frangia oro e seta blu; sciarpa e dragona oro e mosche blu, pomo e
catenella del bastone argento – Sergente maggiore: non porta lo spuntone, sciarpa e dragona come sopra – bastone a pomo d'argento e catenella id. —— Ufficiali inferiori:

Ufficiali Sciarpa, dragona, revers a colori distintivi, lunetta e nel resto come sopra. Distintivi di grado: Capitano: frangia dello spuntone e sciarpa in seta gialla e blœ e fiocchi oro a grossi grani come gl'ufficiali superiori; dragona oro o gallone oro e blœ; bastone a pomo d'avorio. Luogotenente spuntone senza frangia; sciarpa e dragona come sopra ma fiocchi della sciarpa a fili sottili; bastone grosso senza pomo. Alfiere; spuntone come sopra; non porta la sciarpa, dragona come sopra; bastone sottile con nastrino giallo e blœ e pomo in argento.

Tutti gl'ufficiali possono portare fuori servizio le calze (bianche) libere dai stivaletti (la truppa soltanto in quartiere) Gl'ufficiali superiori, a cavallo, stivaloni e speroni.

Beretto da notte per la truppa: bianco ad ornamento e fiocchi in color distintivo.

Armamento

Ufficiali superiori -	Spada ad elsa dorata;	spuntone,	bastone,	pistole		
" inferiori -	"	"	"	"	"	—
Sergenti	"	" d'ottone,	alabarda	"	—	
Forieri	"	"	" fucile senza bajonetta	bastone		
Caporali	—	—	—	" con	"	"
Soldati	—	—	—	"	"	"
Tamburini	spada ad elsa d'ottone	—				

Equipaggiamento

Buffetteria in cuojo color naturale e fibbie in ottone - La bandoliera del tambero è orlata di livrea.
Patrona (giberna) in vacchetta rovesciata, con placca in ottone
Fiaschetta in corno, appesa al cinturone
Albresacca (sacco) in tela greggia.

Bandiere

Sono di due qualità: la "colonnella" (una per regg.to) e quelle "d'ordinanza" (due per regg.to)
La "colonnella" è tutta in color terchino con gallone od oro bianco intorno a saetta
4 gigli d'oro agl'angoli; al centro aquila bianca a corona d'oro - Bastone in legno punta inargentata, cravatta rossa orlata d'oro - Bandiera "d'ordinanza" Bastone e punta come sopra con cordoni rossi a fiocco d'oro. Croce terchina orlata di grigio perla divide il drappo in quattro campi - Questi campi sono diversi, ognuno in due triangoli: Perla e giallo pel 1.o
Bleu e leonato pel 2.o
Verde e gridellino pel 3.o
Giallo e muschio pel 4.o

Casse dei tamburi

Cerchio in legno rossiccio - Casse a triangoli colorati come le bandiere rispettive.

Muschio ▮   Gridellino ▯   Leonato ▮   Perla ▯

Descrizione delle Tavole: IX. X. XI. XII. (i 4° Regg.° di Fant.° Nazionale.)

Tavola IX _ 1° Reggimento di Fanteria Nazionale "di Reggio" - 1. Sergente Maggiore; 2. Capitano; 3. Alfiere
(già 4°) colla bandiera "colonnella"; 4. Alfiere con una delle due bandiere "d'ordinanza"; 5. Foriere;
6. Tamburo; 7. soldato; 8. Id. in p. tenuta di quartiere.

Nota alla Tavola IX. La scena rappresenta la corte posteriore di un quartiere; meno il n° 8 tutti sono in
gran tenuta od in tenuta di servizio. Il sergente maggiore (oggi: Maggiore) tiene il bastone colla punta sullo sti
vale come è prescritto, l'alfiere n° 3 tiene la bandiera in uno dei modi prescritti; il foriere dovrebbe avere la, ca
salina */* di vacchetta rovescia e della quale non si conosce la forma; se egli fosse foriere avvisatore; non avendola s'intende
va che sia semplicemente: foriere.

Tavola X _ 2° Reggimento di Fanteria Nazionale di Modena" - 1. Capitano; 2. Luogotenente; 3. Alfiere; 4 Sergente;
(già 5°) 5 Tamburo; 6. 7. Soldati. _

Nota alla Tavola X. È una marcia in vicinanza di Modena della quale si vede nel fondo la torre della Ghirlandina.
Il capitano è a cavallo perché in marcia; così pure il Luogotenente, ma, come eccezione (al principio del Secolo andava
no a cavallo anche l'Alfiere e persino il foriere). L'Alfiere porta lo spuntone perché la bandiera, chiusa nel suo
fodero, è portata per lui dal Sergente, la cui alabarda si suppone portata da un soldato, come un soldato porta lo
spuntone del capitano. Vige ancora nelle truppe in marcia la consuetudine di tener il fucile col calcio in aria.

Tavola XI _ 3° Reggimento di Fanteria Nazionale "della Mirandola" 1. Tenente; 2 Caporale; 3 e 4 Tamburini; 5 Soldato in "camiciuola" e "berettone da notte; 6. 7. 8. Soldati in varie tenute.

Nota alla Tavola XI. La scena rappresenta un accampamento con un poco di baldoria che il tenente viene a
far cessare - Nello sfondo il "Torrione" della Mirandola (Mirandola è piccola città del Modenese e, fino al 1720
(circa)
sede e capoluogo del principato della Mirandola. Tenuto dalla famiglia Pico. Ivi nacque il celebre Pico della Miran
dola) (Dicesi: La Mirandola, invece di semplicemente: Mirandola, così per vezzo).

Tavola XII _ 4° Reggimento di Fanteria Nazionale "del Frignano" 1. Colonnello; 2. Capitano; 3 Alfiere;
4. Tamburini della Compagnia; 5 Tamburino maggiore; 6. Tamburini; 7 Soldato in sentinella; 8 Soldati della Compagnia; 9 "Soldato in castigo sul cavalletto" e suo sorvegliante.

Nota alla Tavola XII: La scena rappresenta il cortile d'onore di una caserma, su una delle cui porte sono
dipinte le bandiere del Reggimento: a sinistra la "colonnella", a destra quella "d'ordinanza". Una compagnia sfila
colle norme consuete davanti al colonnello; il capitano saluta collo spuntone e col cappello, l'alfiere colla bandiera.
Il soldato in castigo si sforza di puntare colle mani sulla groppa del cavallo di legno onde non essere obbligato a sedere
sul taglio della sella, la quale, vista di dietro, è così: — Gl'ornamenti della piuma bianca al

capello e del gallone d'argento, oltre quello di livrea, alla bandoliera del tamburino maggiore sono una mia supposizione basata unicamente sulla abitudini fastose dell'epoca. Posso sbagliarmi.

S.A.S. (Sua Altezza Serenissima) il duca Francesco III, proseguendo nel suo intento di riforma-re il proprio esercito onde dargli un migliore e più ragionato assetto al suo esercito, emana, in data del 20 Gennajo 1741 un suo "Chirografo" (autografo), le cui dispo-sizioni – che dovranno entrare in esecuzione solo al 1° Gennajo 1742 – sono le seguenti:

" *Piano Generale del Militare* da cominciare coll'anno 1742 "

1 Segreteria di Guerra.
2 Commissariato Generale di Modena.
3 Tesoreria.
4 Commissariati di Reggio, Mirandola, Garfagnana, Frignano, Massa.
5 Auditorato di Guerra.
6 Generalità – Sergente Generale d'Infanteria – Ajutante Generale di S.A.S.
7 Stati maggiori di: Modena, Cittadella di Modena, Reggio, Mirandola
   Rubbiera, Sestola, Brescello, Montalfonso, Verucole
   Massa (costituiti, in massima, di un Governatore,
   di Ufficiali di Piazza (da t. colonnello a luogotenente), Ajutanti, Magazzinieri, Capellani,
   Medici, Chirurghi, Munizionieri, Arcieri
   di scorta del Governatore, Tamburini, Man
   nari(?), secondo l'importanza del luogo.
8 Invalidi di Rubbiera – 1 Caporale, 11 Invalidi.
9 Reggimento Svizzero (Maderni (V. Tav. 3)), della cui forza fa parte un esecutore
   con 4 sbirri
10 Reggimento "Paludej" (Reggimento Guardie a piedi) V. Tavola IV)
11 Reggimenti Nazionali: 1°, 2°, 3° e 4° dei quali è stabilito detto far parte una
   compagnia Granatieri per ognuno oltre le 4 di
   Fucilieri. Ogni compagnia Granatieri numera:

1 Capitano, 1 Tenente, 1 Sergente, 1 Furiere

3 Caporali, 2 Tamburi, 53 Granatieri. / Totale 62

Ogni Compagnia Fucilieri numera 1 Capitano

(o Capitano-tenente), 1 Sottotenente, 1 Alfie

re / essendo 3 in tutto gl'alfieri una compa

gnia ne resta priva ma ha in più un tenente)

4 Sergenti, 1 Furiere, 8 Caporali. 1 Tamburo,

122 fucilieri: Totale 139

$$\underline{\hspace{1cm}4}$$

Fucilieri — $\overline{556}$.
Granatieri — 62
Colonnello — 1
T. Colonnello — 1
S. Maggiore — 1
Q. Mastro — 1
Tamburino magg. 1

Totale d'ogni Reggimento ____ 623

12 Artiglieria: Colonnello, T. Colonnello, Cancelliere ____ 3 _ _ _ _ _ _ _ _ 3

1ª Compagnia . 1 capitano-Maggiore. 1 Tenente — 2
1 Foriere, 1 Sergente, 1 Tamburo — 3
3 Caporali, 32 Bombardieri — 35
$\overline{40}$. Totale 1ª compagnia — 40

2ª " 1 Capitano, 1 Tenente ec.ec. — 40 " 2ª " — 40
3ª " " — 40 " 3ª " — 40

Bombardieri sparsi nei vari luoghi forti. Caporali 3
Bombardieri 10
$\overline{13}$ _ _ _ _ _ _ _ _ _ $\underline{13}$

Totale Artiglieria $\overline{136}$

13 Guardia al Corpo: 1 Capitano, 1 Tenente, 1 Cornetta, 3 Efenti — 6
1 Foriere, 1 Timballista, 2 Trombetti ____ 4
90 Guardie (delle quali solo 33 a cavallo) — 90
Totale 100   Guardie al Corpo   100

Nota: non si parla più di Cadetti.

14 Reggimento Corazze „Montecuccoli"

1 Colonnello. 1 T. Colonnello. 1 Maggiore — 3
1 Capitano della 4ª compagnia, 3 capitani-tenenti;
delle 1ª, 2ª, 3ª (1); 2 Tenenti e 2 cornette, 1 Q. mastro. 9
1 Timballista, 3 Trombetti, 3 Forieri, 4 Sergenti;
2 Maniscalchi e Sellai, 12 Caporali, 123 Corazze $\overline{148}$

Totale 160   Corazze   160

_____

(1) Così in altri Corpi ove si trovassero un colonnello, un T. colonnello ed un maggiore i quali
erano nel contempo capitani di una compagnia pr ciascuno e, cioè: la "colonnella", la
"T. colonnella", la "maggiora" il cui comando però esercitavano a mezzo di capitani-tenenti;
la 4ª compagnia" essendo libera era comandata da un capitano effettivo. C.F.

20

15 Reggimento Dragoni „Rangoni"

1. Colonnello; 1. T. Colonnello; 1. Maggiore; 1. Capitano „in Piede; (¹) — 4
3. Capitani aggregati; 2. Tenenti; 2. Cornette; 1. q. Mastro, —— 8
3. Forieri, 4. Sergenti, 12. Caporali, 1. Tamburo maggiore, —— 20
2. Tamburi, 2. Maniscalchi-Sellai, 124 Dragoni —— 128

Totale 160. Dragoni 160

(¹) cioè in servizio attivo.

16 Corpi di Guardia
17 Esecutori

In seguito a tali disposizioni essendosi effettuata la creazione di compagnie di Granatieri nei Reggimenti di Fanteria Nazionale, se ne è formata la:

Tavola XIII Granatieri dei Reggimenti di Fanteria Nazionale. della quale ecco la descrizione:
1 Tenente Granatieri del 5° Regg: Fanteria Nazionale della Garfagnana (V. Tav. XIV); 2. Sergente di Granatieri del Regg° „Reggio" in tenuta ordinaria; 3 Caporale id. id. sotto le armi; 4 Granatiere id. id. in q. tenuta di quartiere; 5 dd. del Regg: „Modena"; 6 dd. del Regg: „della Mirandola"; 7 dd. del Regg: del Frignano".

Note alla Tavola XIII Si è messo in questa Tavola il Tenente del nuovo Regg d'Infanteria Nazionale della Garfagnana (5°) essendochè la formazione dei granatieri deve esser avvenuta contemporaneamente a quella di detto reggimento. I galloncini a zig-zag della fiamma del berrettone sono 4 ed indicano il grado di Tenente (se 3 Sergente, se 5 capitano).

1741 3 Aprile - Formazione del 5° Regg° d'Infanteria Nazionale della Garfagnana.

Tavola XIV 5° Regg: di Fanteria Nazionale „della Garfagnana". 1. T. Colonnello, in tenuta da cavallo; 2 Alfiere; 3. Sergente; 4 Soldato fuciliere; 5 Drabante del T. colonnello colla livrea dello stesso. 6 Soldato in castigo al palo con sua guardia).

Nota alla Tavola XIV. Scena: la corte posteriore di una caserma immaginaria nella Garfagnana (paese montuoso) in fondo il soldato in castigo fa leva colle braccia e le mani sugli anelli del palo onde non posare i piedi sui due cunei a punta che stanno sotto i piedi stessi.

1741 13 Aprile - Capitolazione per un nuovo regg° Svizzero col Col.lo Jacaud, di cui la Tavola

Tavola XV Reggimento Svizzero Jacaud - 1. Capitano, 2 Sergente, 3 Soldato.

Nota alla Tavola XIV. Scena in Modena, a piedi del Palazzo Ducale: il soggetto s'indovina da sè. Pare che la capitolazione non abbia avuto il suo effetto. giacchè non si parla più di tale reggimento nel seguito.

1744 La compagnie „Guardie del Corpo" prende parte al seguito di S.A.S. (Maestro di campo generale) al la guerra di Napoli ed alla battaglia di Velletri, ciò che forma soggetto della

Tavola XVI che perciò non ha bisogno di speciale descrizione (1 guardia in sentinella 2 ufficiale).

Nuovi Ordinamenti - Modificazioni d'Uniforme
1744 - 1755

—

Guardie al Corpo - Reggimenti di Fanteria Nazionale - Alfieri di Porto.

Guardie al Corpo. 20 Ottobre 1744 - Centoquarantotto (148) uomini, con 148 cavalli, divisi in 4 squadre o brigate, comandate ciascuna da un brigadiere e da un v. brigadiere - L'organica comporta anche 4 muli da basto, uno per brigata.

12 Giugno 1745 - Nella rinnovazione periodica delle divise viene stabilito che il giustacuore di gran tenuta sarà a due petti, fino all'altezza delle tasche al qual punto le due falde si scosteranno gradualmente l'una dall'altra (Fig. 1 e 2 - Tav. XVII).

15 Febbrajo 1747 - Il surtout di piccola tenuta avrà invece i due petti fino in fondo alle falde; i bottoni (d'argento) saranno disposti a 2 a 2 od a 3 a 3 secondochè piaccia meglio alle Guardie; le bottoniere in filo d'argento. (Fig. 3 - Tav. XVII).

1749 - Da uno specchietto dei Corpi apparisce che la forza delle Guardie del Corpo è salita a 200 uomini e che tanto la camiciola che i paramani sono bianchi; questa circostanza però non essendo confermata dai numerosi Documenti che si hanno sull'uniforme di questo Corpo prima e dopo di questa data, si preferisce non tenerne alcun conto.[1]

16 Gennajo 1752 - La bandoliera sarà a scacchi color chamois e tessuto di argento (Anche questo smentito e sconfessato dai vari tipi che si posseggono, ma se ne tien conto perchè troppo chiara e recisa è la disposizione ducale che la ordina per poterla mettere in dubbio).

11 Giugno 1752 - Guanti bianchi alle Guardie per il servizio d'onore al Teatro di Reggio (Fig. 2, Tav. XVII) e frangia d'argento alla bandoliera - porta-bandiera (Fig. 1, Tav. id.)

20 Novembre 1754 - Galloncino di livrea al colletto del tabarro dei Trombettieri (Fig. 4 T. id.)

Reggimenti di Fanteria Nazionale - 1° Regg.° di "Reggio" - 6 Gennajo 1750 - Braghe (calzoni) turchini in luogo dei bianchi e più tardi, tra il 1750 ed il 1755, anche la camiciola turchina (Fig. 5, 6, 7 Tav. XVII). Il sergente (Fig. 6) porta il nuovo distintivo di sergente al paramano secondo la volontà espressa del Duca, in sostituzione di quello stabilito nel 1740.

Alfiere di Porto. Giunto col suo confine al mare (Mar Tirreno, sotto Massa) mediante l'annessione al

---

[1] Molto più che lo specchietto di cui sopra è contraddetto in altre sue parti da altri documenti.

22 al Ducato del territorio e littorale di Lavenza, avvenuta circa a questo tempo, il Ducato sente il bisogno di premunirsi anche da questa parte e crea la nuova carica di Alfiere di Porto, con giustacuore turchino, paramani, camiciola e calzoni giallo gaggia (giallo carico) e bottoni in argento.

Descrizione della Tavola XVII. 1 Porta-bandiera delle Guardie del Corpo 2 Guardia in Tenuta di servizio a piedi (calzoni o calze turchine) e guanti bianchi per servizio di guardia d'onore al Teatro di Reggio. 3 Guardia in sortout di piccola tenuta. 4 Trombettiere della Guardia del Corpo in tabarro a gallone di livrea. 5 Ufficiale del 1° Regg° di Fanteria Nazionale "di Reggio". 6 Sergente id. 7 Soldati id. 8 Alfiere di Porto.

Nota alla Tav. XVII: Colle figure 1 e 2 si sono comprese, per economia di spazio e di lavoro, i risultati delle varie disposizioni: 12 Giugno 1748, 16 Gennajo ed 11 Giugno 1752. Il ferro dell'alabarda del sergente fg. 6 è copiato da un rozzo disegno del tempo dandogli una forma meno impossibile, ma tenendosi a quella in massima del detto disegno.

────────────

1755 Un documento di quest'anno dà lo stato delle uniformi (qual'era nell'anno medesimo) dei cinque Reggimenti di Fanteria Nazionale: "Reggio", "Modena", "della Mirandola", "del Frignano" e "della Garfagnana".

Descrizione della Tavola XVIII 1 Tenente del 1° Regg° "di Reggio". 2 Caporale del 2° Regg°. "di Modena". 3, 4 e 5 Soldati, rispettivamente, dei tre Reggimenti "della Mirandola" (3°), "del Frignano" (4°) e "della Garfagnana" (5°).

Nota alla Tav. XVIII. Come si vede in questa Tavola soltanto i primi tre reggimenti hanno le "bavaresi" (rovesci del petto) di color distintivo e soltanto i primi due hanno la camiciola di colore. Tutti e cinque invece hanno già i calzoni turchini.

────────────

L'Esercito Modenese assume gl'ordinamenti e le foggie dell'Esercito Austriaco

Il Duca Francesco III d'Este, che, a Velletri, nella guerra contro gl'Austriaci (1744) aveva così valorosamente combattuto ai fianchi del Re

Carlo III di Napoli, intervenuta la pace fra le potenze belligeranti, si prese di grande simpatia per l'Austria, tanto che nel 1754 accettò da essa il carico di governarle la Lombardia col titolo di Governatore Generale trasportando la sua propria sede a Milano e facendosi seguire da parte della sua guardia del Corpo e da alcuni reggimenti delle sue truppe che vennero in tal modo quasi inquadrate in quelle del grand'Esercito Austriaco. Dev'esser dipeso quindi da tale dupplice circostanza il fatto dell'aver l'Esercito Modenese addottati i regolamenti e, coi regolamenti, anche le foggie di quell'Esercito, come lo prova anche il fatto delle relazioni che su tali foggie venivano estese dal rappresentante austriaco a S. A. S. il duca di Modena e che si trovano incluse fra i documenti specialmente risguardanti il Ducato.

Però, come sempre avviene in simili contingenze, la trasformazione delle uniformi a foggia austriaca avvenne gradatamente e prime a subirla, perchè finanziamente più facile, fu la buffetteria e gl'oggetti d'armamento; e così per primo cambiamento si ebbe quello della tintura bianca data alla buffetteria, fino a quel momento lasciata nel suo colore naturale[1] e della tintura nera, data, invece, alle giberne, che anche esse erano state tenute nel loro colore primitivo fino a questo momento. Furono poi lasciade in disparte le spade dritte dei sergenti, forieri e tamburi e cambiate con sciabole a lama curva. Pare che anche i sergenti cambiassero in tale circostanza la forma barocca delle punte delle loro alabarde in altra più semplice e più generalizzata e forse dovè per essere in questo tempo che i tenenti e sottotenenti dei fucilieri sostituirono il moschetto all'antico spontone, il quale di certo dovete essere abbandonato in tale circostanza anche dagl'ufficiali superiori e dai capitani.

La Tavola XIX dà ragione di tali cambiamenti e fà, inoltre, vedere quelli avvenuti nei colori di certe parti d'uniforme e, cioè: i rovesci del petto (bavaresi) estesi ai due reggimenti nazionali: 4° "del Frignano" e 5° "della Garfagnana"; nonchè le ghette o stivaletti di panno all'austriaca e che involgono il piede, d'onde la necessaria modificazione della forma della scarpa che non ha più la ghettina ⟶ finora usata, onde lasciar discendere liberamente la ghetta medesima.

[1] Oggi invece, nell'esercito italiano almeno, la buffetteria accenna a tornare al suo antico color naturale. Il mondo è una ruota ed ogni cosa ritorna presto o tardi al suo punto di partenza!

G. C.

Descrizione della Tavola XIX. N 1 Tenente del Regg.° Nazionale "di Modena" (2°) colla camiciuola rossa accordata in una data di tempo che non si trova indicata. 2 Soldato di tal reggimento in capello e camiciuola. 3 Granatiere del Regg.° "della Palude" (Guardie a piedi) colle bavaresi bianche date con disposizione sovrana del 27 Maggio 1756 e soldato del medesimo reggimento in berettone da notte e camiciuola. 4 e 4 Fucilieri del Regg.° Svizzero (già Maderni) in grande uniforme ed in capello e camiciuola. 5 Soldato del 1° Reggimento di Infanteria Nazionale. 6 Id. in servizio armato ma con camiciuola. 7 Soldato del Regg.° Nazionale "della Mirandola" (3), e, 8, Id. id. in berettone da notte e camiciuola. 9 Soldato del 4° Regg.° d'Infanteria Nazionale "del Frignano", e, 10, Id. id. in berettone da notte e camiciuola. 11 Granatiere del 5° Regg.° d'Infanteria Nazionale "della Garfagnana", e, 12, Id. id. del medesimo in servizio armato e camiciuola.

Nota alla Tavola. La scena rappresenta una riunione di piccoli riparti delle varie truppe di fanteria, ad eventuale scopo di esercizi, in riva al Panaro – riva sinistra – cogli apennini nello sfondo.

Continuano i cambiamenti parziali d'uniforme e così: al 9 aprile 1756 tutta intiera l'ufficialità dei vari corpi è obbligata a portarsi il sourtout interamente turchino coi bottoni ricoperti di stoffa dello stesso colore; al maggio 18 del 1757 i dragoni che servono a cavallo ricevono i calzoni e guantoni di pelle, mentre, a data ignota ma di questo torno di tempo certamente, hanno essi ricevuto le bavaresi rosse ed il cordone da spalla – aiguilette – in cotone bianco od in argento secondo il grado. Al 9 ottobre 1757 gl'ufficiali (si parla qui dei soli ufficiali) del Regg.° Reggio "(1° d'infanteria nazionale) sono autorizzati a sostituire l'antica camiciuola bianca a quella color turchino; Tale disposizione però apparisce, da un documento del 15 settembre 1758, che sia estesa anche alla truppa e che anche i Reggi.ti d'Infanteria Nazionale "del Frignano" (4°) e "della Garfagnana" (5°) la abbiano essi pure adottata secondo un documento di data antecedente (15 febbrajo 1758) risguardante i reggimenti medesimi, di presidio a quel tempo ed unitamente ai Dragoni, in Lombardia. Ed il 5 agosto 1759 anche gl'ufficiali del 2° Regg.° Nazionale "di Modena") ritornano ad avere le camiciuole bianche onde è da ritenere che così pure sia avvenuto del 3° Regg.° "della Mirandola".

Infine anche l'uniforme dell'Artiglieria, non mai toccata finora, subisce un'importante modificazione nel senso che in data del 3 febbrajo 1765 le sono accordate le bavaresi e le mostre in panno nero mentre l'ufficialità le avrà in velluto pure nero, gl'ufficiali poi assumeranno con tale data le cordelline _aiguillette_ in oro e la sciarpa al fianco come tutti gl'altri ufficiali e che perciò sembra che essi prima di tale data non portassero. Non piacendo poi al Duca " la disuguaglianza in alcune " Guardie del Corpo per i calzetti bianchi, ordina (in data 24 novembre 1765) che ad un " nuovo vestiario " sieno proscritte calzette blu di vello (sic) e fine stame da mettersi in ser " vizio ed in parata " ed ordina pure che i sortouts loro " sieno eguali, senza nessun segno " d'argento, volendo che sieno tutti uniti di panno blen, senza distinzione di colore nel para " mano e nel bavero, con una semplice alzata di collo detta pistagna ⌐⌐(2) e con botto " ni dello stesso panno (3) sino a mezzo (4) posti un poco in dentro e da una sola parte " Ed in dicembre 6 e 18 dell'anno stesso ordina poi il Duca che le calzette sieno non più di stame ma di bavella, sempre però turchine, e che i capelli sieno sbassati nelle ali in modo da sembrare più piccoli.

Circa a questo tempo hanno luogo alcune varianti nella forza delle varie truppe, le quali forze risultano essere, alla fine di giugno del 1765, le seguenti, secondo l'ispezione fattane dal Commissario Generale Marchese Fontanelli:

Reggimento Guardie (a dalla Palade?)

	Ufficiali	Truppa
Stato Maggiore	6	2
1ª Compagnia Granatieri	3	60
2ª "	3	60
Compagnia Colonnella	4	68
" T.Colonnella	4	56
8 Compagnie ordinarie	24	500
	44	746

Mancano in totale 56 uomini alle 8 compagnie ordinarie.

Reggimento Sabattini

	ufficiali	Truppa
Stato Maggiore	3	2
Compagnia granatieri	3	55
Compagnia Colonnella	4	84
" T.Colonnella	4	84
2 Compagnie ordinarie	6	155
	20	380

Mancano: 5 uomini alla comp. granatieri 1 pr'a'ciascuna alle comp. colon nella e T.colonnella e 15 al le due comp. ordinarie

Reggimento Tacoli

	uff.	Tr.
Stato Maggiore	3	2
Comp. granatieri	3	60
" Colonnella	4	85
" T.Colonnella	4	85
2 Comp. ordinarie	6	170
questo regg.° è com.	20	402
pleto		

Reggimento Cavariglias

	Uff.	Tr.
Stato Maggiore	5	2
Comp. granatiera	3	60
" Colonnella	4	74
" T.Colonnella	4	71
2 Comp. ordinarie	6	150
	22	357

Mancano: 11 uomini alla comp. colonnella, 14 alla t.colonnella e 20 alle 2 comp. ordinarie

Osservazioni

Da questo documento risulta:
1° Che i Reggimenti porta no il nome dei rispettivi comandanti;
2° Che manca no: 1 ufficiale 259 uomini, 41 cavalli;
3° Che la forza in tiva dovrebbe essere di: Uff.° 147 Truppa 3109 Cav. 281

Reggimento Boschetti

	Ufficiali	Tr.
Stato maggiore	3	2
Compagnia granatiera	3	44
" Colonnella	4	76
" T. Colonnella	4	74
2 Comp.ª ordinarie	6	156
	20	352

Mancano 11 uom. alla granatiera
9 " " colonnella
11 " " T.colonnella
14 " alle 2 comp. ordinarie

Reggimento Rangoni

	uff.	Truppa
Stato maggiore	4	2
Compagnia granatieri	3	55
" Colonnella	4	76
" T.Colonnella	3	67
2 Comp.ª ordinarie	6	155
	20	355

Mancano 1 ufficiale alla T.Colonnella
5 uomini alla granatiera
9 " " colonnella
18 " " T.colonnella
25 " alle 2 comp. ordinarie

Guardie del Corpo

	Uomini	Cav.
a Vienna	1	
a Milano	56	47
a Modena	23	21
a Sassuolo	82	59
Mancano:	162	127
Uomini 15		
Cavalli 34		

Reggimento Menasfoglio (a Dragoni)

Compagnia		Truppa	cav.
Berardi		35	37
Calcagni		32	38
Rocca		34	38
		101	113
comandato all'Ospedale 5			

Mancano: Truppa 19 Cavalli 7

(1) Pare che il vestiario si rinovasse ogni 2 o 3 anni; esso ora a carico della massa della compagnia.
(2) Primo esempio - preso forse dagl'Austriaci di colletto alzato.
(3) Cioè coperti collo stesso panno blen
(4) Cioè sino al biforcamento delle falde

26 *Descrizione della Tavola XX* - N.º 1 Ufficial Superiore (di Stato Maggiore [1]) d'Artiglieria; 2. Caporale id.; 3 Capitano di Dragoni a cavallo, 4. Dragone a cavallo, 5 Jd. in camiciuola e berettone da notte. 6 Dragoni. 7 Guardia del Corpo in p.te nata (sourtout); 8 Ufficiale del 1º Regg. di Infanteria Nazionale "Reggio" colla camiciuola bianca; 9. " " 2º " " " " "Modena" " " " " ; 10 " " 4º " " " " "del Pignano" col sourtout turchino a bottoni coperti di stoffa turchina.

Note alla Tavola XX - La scena rappresenta una riunione eventuale di varie truppe o Corpi, di cui si vede, in fondo a sinistra, il turrito campanile. La composizione di tale riunione trova la sua ragione d'essere nel fatto dei grandi movimenti e concentramenti momentanei di vari corpi di truppe in un luogo solo.

Nuova divisione della Fanteria in tre corpi distinti:

Reggimento Guardie a piedi (uno)
Reggimento di Stato (uno)
Legioni di Milizie (Forensi) (quattro)

1769

" Essendo venuto il Duca nella determinazione di porre le sue truppe su di un piede più stabile e regolare, fra le altre cose stabilì quanto segue:

Divisione, cioè, della fanteria in Regg.º di Guardia ed in Regg.º di Stato e riunione delle Milizie forensi in quattro Legioni distinte col numero progressivo 1 a 4. Tale determinazione ha luogo con rescritti sovrani datati dalla Villa Ducale di Sassuolo 4. 5. 6. 7 e 8 Agosto 1769 ed in forza dei medesimi le nuove uniformi dei nuovi Reggimenti di Guardia e di Stato saranno le seguenti:

Reggimento di Stato Giustacuore o marsina (come ora si comincia a chiamare questo capo di vestiario) di panno turchino con colletto, sopraspalle e paramani bianchi, sotto marsina e pantaloni bianchi, bottoni gialli, gallone del capello festonato e bianco, colletto rosso. Oboista (Musicante) Marsina tutta turchina, cioè senza mostre e sotto-marsina id. il tutto gallonato di livrea e con 6 allamanni di livrea per parte sul davanti, tre sul paramano, tre sulle tasche, pantaloni bianchi. Tamburino: Marsi-

---

(1) Anche oggi si chiama: "stato maggiore" od "ufficiali di stato maggiore" l'ufficialità superiore di un reggimento.

9. C.

na gallonata di livrea e nel rimanente come il soldato.

Reggimento di Stato - Uniforme tutto bianco con colletto e paramani turchini; gallone bianco e festonato al capello; bottoni gialli - Tamburino - Mostira turchina con galloni ed alamari di livrea e nel rimanente come il soldato.

Descrizione della Tavola XXI. N° 1 Ufficiale del Regg° Guardie, in ghette; 2, Granatiere id; 3, Oboista id.; 4, Tamburino id.; 5 Ufficiale Granatieri del Regg° di Stato, in calzetti; 6 Soldato id.; 7, Tamburino id.;

Note alla Tavola XXI. La scena rappresenta un gruppo di soldati dei due reggimenti che vanno a diporto in uno dei sobborghi di Modena e due ufficiali, uno per reggimento, che s'incontrano casualmente con essi. I soldati salutano levandosi il capello come usava a quel tempo, salvo i granatieri che avevano il privilegio di non levarselo mai e portavano invece la destra alla fronte. È di sera fatta: un gruppo di cittadini si vede nello sfondo in cui torreggia la "Ghirlandina" ed un gruppo di famiglia popolana siede al fresco davanti alla propria casetta.

In quanto alle Legioni di Milizie - 1771

fu addottato per esse il color grigio e le distinzioni in: rosso la 1ª;
bianco la 2ª;
giallo la 3ª;
verde la 4ª

La Giunta, incaricata di condurre la cosa, visto che il color grigio era pur quello usato dai contadini, propose che l'uniforme avesse il taglio dell'uniforme ungarese dell'esercito austriaco, onde il taglio almeno, cioè la forma servisse a distinguere il Legionario dal contadino. ed il 20 febbrajo 1771 ne sottomise il progetto al Duca, il quale in data del 4 marzo lo disapprovò, onde non se ne fece nulla. Rimase però il color grigio come distintivo principale di tali Legioni.

Descrizione della Tavola XXII: N° 1 Ufficial superiore (T. Colonnello) della 1ª Legione
in stivaloni;
2. Tenente della 2ª in ghette; 3, Id. della 3ª in calzetti; 4 capitano della 4ª in ghette nere[1] 5 Capo Tamburo id. 6 Soldato Legionario id.

Note alla Tavola XXII. La Scena rappresenta una conferenza d'ufficiali Legioni che esaminano il vestito all'Ungarese proposto dalla Giunta ed indossato da un Legionario - Ognuno dice il suo parere - Il capello comincia ora a variare di forma; da tre becchi si è ridotto a due.

---

[1] Le ghette nere cominciano ora ad essere indicate nei documenti modenesi. Esse si portavano dal 1° Ottobre al 30 aprile mentre le bianche erano usate dal 1° Maggio al 30 settembre.

9 - C

Al fine che le divise modenesi abbiano ad essere perfettamente eguali nel taglio all'austriache, il Duca Francesco III emana, in data del 3 marzo 1771 degl'ordini precisi in consequenza dei quali non si rileva più, nel taglio degl'abiti e nella disposizione degl' arredi, diversità alcuna fra i due eserciti. Vedasi perciò la Tavola XXIII.

Descrizione della Tavola XXIII. N.º 1 Ufficiale di Dragoni cap/tenente – si conosce dall'unico gallone della qual grapp(?) 2 Sergente id.; 3, 4, 4, 4, 4, Dragoni. 5 Sottotenente del Regg° Guardie a piedi; 6. Sergente id. 7. Tamburino id.; 8, 8, soldati id.

Nota alla Tavola XXIII. La scena raffigura una marcia nei dintorni di Milano, essendo il Duca ancora Governator Generale della Lombardia. Un signore ed un contadino osservano la marcia.

Il Duca cessa dalla sua carica della Lombardia e torna a risiedere a Modena. Esso è molto malcontento della indisciplinatezza delle sue Guardie del Corpo in fatto di divise e perciò emana, alla data del 4 Marzo 1771, ordini severissimi affinchè da quel giorno in avanti le sue Guardie del Corpo si attengano rigorosissimamente ai soli capi di vestiario semplici e poco costosi che egli colla stessa data ha stabilito per la loro piccola tenuta.

Descrizione della Tavola XXIV. N° 1 Guardia in camiciola bianca e pantaloni turchini; 2. Id. in camiciola e pantaloni gialli; 3. Id. in camiciola gialla e pantaloni neri; 4, Trombetta in piccola tenuta di quartiere; 5; Id. in sarrau (camiciola di tela) (in uso già fin dal 1769)

Nota alla Tavola XXIV La scena rappresenta un amichevole convegno di riposo nel giardino del Palazzo Ducale.

Al 22 Gennajo del 1772 si decreta una nuova uniforme pei Generali, però facoltativa; ed in data del 1775-78 si organizzano i Stati Militari o Stati Maggiori: di Piazza, di Cavalleria e di Panteria. Vedasi la Tavola XXV. In data del 1774 (18 maggio) sono soppresse le casacche dei Dragoni.

Descrizione della Tavola XXV. N° 1 Maggior Generale; 2, Generale Brigadiere (alta tenuta); 3, Id. piccola tenuta; 4 Stato Maggiore di Cavalleria; 5. Id. di Panteria (senza la casacca rossa)

Nota alla Tavola XXV. Il Duca passa l'estate nel suo magnifico palazzo di Varese (ora Municipio e Giardino pubblico). Si è supposta quindi una visita di questi ufficiali generali e superiori a S.A.S. in questo luogo. In fondo il Monte dei Fiori e la Madonna del Monte.

1780 Muore il Duca Francesco III e gli succede il Duca Ercole III ultimo della Casa d'Este italiana. La Tavola XXVI ne rappresenta i funerali.

Descrizione della Tavola XXVI. N° 1 Comandante della Guardia del Corpo; 2. Colonnello del Regg° Guardie a piedi (ora pantaloni turchini); 3, Ufficiale, granatieri e Tamburino del detto Regg°; 4. Uff. inferiore del Regg° di Stato. 5 Guardia del Corpo. 6 Squadrone Guardie del Corpo - Nota alla Tavola XXVI Tutti portano i distintivi dello scoruccio secondo le prescrizioni sovrane emanate il 24 febbrajo 1780 e durature per tre mesi.

G. C.

Nuova organizzazione dell'
Esercito Estense
1780

Secondo la consuetudine di tutti i nuovi sovrani, anche il nuovo duca Ercole III introdusse subito delle importanti riforme nel suo governo. Le più importanti fra tali riforme furono forse quelle risguardanti l'organizzazione dell'esercito ed alle quali tennero dietro, per necessità di cose, non pochi cangiamenti nelle sue uniformi. Cominciamo adunque dalle riforme dell'organizzazione:

All'avento al trono del novello duca l'esercito estense (o modenese) era così composto e distribuito:

I Giunta militare - Segreteria di guerra - Commissariato generale - Commissariati distrettuali

II Uditorato generale - Collaterato - Tesoriere - Commissariato d'artiglieria - Armeria ducale.

III Stato maggiore delle piazze di: Modena - Cittadella di Modena;

IV   "   "   "   "   : Brescello - Reggio - Rubbiera - Mirandola;

V   "   "   "   "   : Sestola - Garfagnana - Massa.

VI Guardie del Corpo.

VII Reggimento Guardie a piedi (2 battaglioni).

VIII   "   di Stato.

IX   "   Artiglieria e corpo Ingegneri.

X   "   Dragoni.

XI Battaglione di guarnigione a Massa.

XII Stati maggiori ed ajutanti del Duca.

XIII Ufficiali fuori rango.

XIV a XVIII Amministrazione, Giustizia, Magazzini ecc.

Note: Anzitutto facciamo avvertire che il titolo di "Estense" dato all'esercito del ducato di Modena rivela ampiamente la ~~sua~~ vera natura dell'esercito stesso, la quale era tutta personale alla regnante Casa d'Este. Questo spiega anche l'attaccamento speciale a detta Casa dimostrato in più circostanze politiche difficili da tale esercito, mentre le immense ricchezze della Casa medesima furono sempre tali da poter soddisfare ampiamente a tutti i bisogni di questo. L'esercito estense dovette certamente a tali specialissime circostanze se, nella sua piccolezza, si addimostrò l'esercito più disciplinato, più compatto di tutti gl'altri piccoli eserciti italiani dal 1700 al 1859-63, escluso il piemontese. Il Collaterale era l'ufficiale pagatore dell'esercito. Nel Reggimento Guardie a piedi abbiamo fondatissimi motivi per credere che fosse incluso il ~~tutto~~ personale dell'antico Reggt. Svizzero "Maderni," non essendo esso più nominato ma parlandosi assai di sovente di stranieri nei documenti ufficiali 1780-96.

A questa vecchia organizzazione il duca Ercole III portò un profondo cambiamento
col rimettere in piedi – al posto del reggimento di stato – ma sotto altra forma, gl'au-
tichi reggimenti nazionali, formandone un sol tutto che denominò: Legione; col
sopprimere il reggimento dragoni e distribuirne il personale fra i reparti della Legione
stessa e col fare altrettanto del Regg.° Artiglieria. La Legione venne quindi a costituirsi
di un certo numero di reparti che egli chiamò divisioni, ognuno de' quali doveva avere:
fanteria (circa un reggimento), artiglieria (una compagnia), cavalleria (uno squadrone). Faceva eccezione a questa regola, il primo reparto della Legione composto tutto di truppa
straniera e che era costituito soltanto di fanteria ed artiglieria. Si devono notare
però due cose essenzialissime e cioè: 1)che soltanto il primo reparto, costituito come
abbiamo detto di truppe straniere ed il secondo che era di truppe tutte nazionali (entrambi
«Guardie a piedi» erano in servizio attivo, mentre gl'altri, portanti le antiche denominazioni dei reggimenti nazionali, erano di riserva; e 2)che, malgrado tale fortissima riserva, esistevano per
tuttavia le antiche 4 legioni forensi (della campagna) per quanto esse pure non
fossero che di riserva (molto in riserva). Infine il nuovo Duca riformò anche lo
squadrone delle Guardie del Corpo, riducendolo in tutto a sole 58 teste, ufficiali compresi.

L'esercito «estense» venne adunque ad esser costituito, verso il giugno del 1780, nel modo che segue:

Guardie al Corpo – 2 ufficiali, 2 esenti, 4 sottoufficiali, 2 cadetti, 1 p.bandiera, 36 guardie, 5 id. in soprannumero, 6 cariche
Tot. 58

Stato Maggior Generale – 1 Generale del cannone (d'artiglieria), 14 Generali maggiori, 11 Generali brigadieri
Tot. 26

Legione: Stato Maggior Generale: Un m. generale Comandante, il gran capellano, l'uditor militare, l'aj. di campo,
5 Brigadieri generali com.ti le singole 5 divisioni, 1 maggior com.te la cavalleria
Tot. 10

Fanteria									
Guardie a piedi {	1ª Divisione (stranieri)	16 compagnie di fanteria uomini 1480,	1 compagnia cannonieri uomini 57		Tot. 1537
	2ª " (nazionali) " " " 1457,	1 comp. cannonieri 57,	1 id. cavalleria 69	Tot. 1583
	3ª " Modena " " " 1457,	" " 55,	" " 71	Tot. 1583
Fanteria {	4ª " Reggio " " " 1465	" " 57	" " 71	Tot. 1593
	5ª " Mirandola " " " 1469	" " 57	" " 71	Tot. 1597
	6ª " Garfagnana o Frignano " " " 1464	" " 57	" " 71	Tot. 1592

Totale generale della Legione Uom. 9485
88
30.000

Più: Stato Maggior Generale 26
Guardie del Corpo 58 (1)
Stato maggiore Legionario 4
88

Più: Le 4 Legioni forensi 30.000 —

Totale generale 39.573
dei quali in attività di servizio: Uomini 3.208 con 434 cavalli.

(1) Escludendo i generali (6) già compu-
tati nello Stato Maggior Generale.

Questa era l'organizzazione nuova dell'esercito estense in generale e della "Legione" in particolare. Nulla è detto, dal documento che ci serve di guida principale[1] che ne sia avvenuto dei: Comandi di Piazza, Amministrazione, Giustizia ec. ma è ovvio il ritenere che essi sussistessero egualmente, quantunque non inquadrati in tale organizzazione. Ora diciamo due parole sulla organizzazione delle "divisioni":

(1) Tabelle annuali 1780-96 dello Stato militare estense.

Le divisioni erano, come si è detto, sei: 1ª straniera, 2ª nazionale e tutte e due di truppa in attività di servizio: la 3ª, la 4ª, la 5ª e la 6ª erano di riserva. Ognuna di esse comprendeva la forza di un reggimento di fanteria all'incirca, più una compagnia d'artiglieria ed una di cavalleria (la 1ª era priva di quest'ultimo reparto) onde ne avveniva che ogni divisione costituiva una vera e propria brigata formata delle tre armi e comandata da un general brigadiere.

Il reparto di fanteria era costituito di 16 compagnie, una delle quali (due per la 1ª divisione) era di granatieri. Il reparto di fanteria aveva poi:

Stato maggiore:
- 1 comandante in 2ª (colonnello)
- 1 tenente colonnello
- 1 maggiore
- 1 ajutante maggiore (capitano)
- 1 capellano
- 4 chirurghi di compagnia (uno ogni quattro compagnie)

Stato minore:
- 1 tamburo maggiore
- 1 sergente professo
- 5 garzoni professi

A questo "stato minore" erano aggiunti poi dalla compagnia di cavalleria della rispettiva divisione:
- 1 trombettino
- 1 maniscalco
- 1 sellajo
- più 10 oboisti (musicanti) dati esclusivamente dalla 1ª divisione (straniera) e solo pel proprio servizio onde erano dieci soltanto in tutta la Legione.

Secondo poi la nefasta natura dei nostri principotti, riponenti ognora la loro principale fiducia nelle truppe straniere, la sola 1ª divisione (straniera) aveva – oltre all'onore di dare ed avere essa sola una musica (i 10 "oboisti" di cui sopra) anche quello di fornire lo Stato Maggiore delle altre cariche seguenti:
- 1 T. Colonnello della Legione (cioè: uno solo p. tutta la Legione)
- 1 Maggiore   "   "
- 1 Capitano ajutante maggiore id.
- 1   "   ajutante di campo
- 1   quartier mastro
- 1 suo proprio capellano
- 1 Chirurgo maggiore della Legione
- 1 Computista della Legione

(32 primi sergenti / 16 secondo / Non si sa se vi fossero distinzione nell'uniforme fra i due gradi)

Ogni compagnia, infine, aveva: 1 capitano, 1 tenente, 1 s. tenente od alfiere, 48 sergenti, 56 caporali, 56 sottocaporali (80 degli uni ed 80 degli altri per la divisione straniera), 2 pifferi, 32 tamburi, 81 granatieri, 76 a 78 fucilieri.

Ogni compagnia d'artiglieria aveva: 1 capitano, 1 tenente, 1 sottotenente, 2 serg. 2 capor. 2 s. capor. 1 tamburo, 48 a 50 cannonieri.
" " di cavalleria " : 1 " , 1 " 1 " 2 " 2 " 2 " 1 trombettino (preso lo stesso minore della rispettiva divisione)
63 a 65 comuni

(1) non tutte avevano il sottotenente nel 1780: modena p. e. non lo aveva.

32 Nei sedici anni 1780-1796 nei quali durò la sovranità di Ercole III ed insieme della Casa d'Este in Modena, l'organizzazione dell'esercito "estense" subì le seguenti modificazioni:

1781 La 1ª divisione e la 2ª, che hanno portato in principio e promiscuamente il nome di "Guardia a piedi", si dividono e la 1ª (straniera) ritiene tal onorifica denominazione, la 2ª (nazionale) prende quella di "Urbana" con qualche variazione nell'uniforme come sarà detto a suo tempo.

1782 La Guardia al Corpo si aumenta di un brigadiere, 1 cadetto, 6 guardie effettive, 1 maniscalco raggiungendo la cifra di 67 uomini con 67 cavalli. Piccola ed insignificante variazione negl'effettivi della Legione come nel 1781 ed affatto trascurabili.

1783 Si formano alcune compagnie volontarie staccate di Milizia Urbana, come p. e., quella della Mirandola e che sono ritenute e trattate come milizia attiva. Ogni compagnia ha 3 ufficiali, 2 sergenti, 5 caporali, 5 s. caporali, 2 tamburi, 2 pifferi, 80 comuni – Tot. 99. La detta compagnia della Mirandola entra perciò a far parte della 2ª divisione (urbana) della Legione, ma l'aumento che dovrebbe seguirne a questa non risalta affatto dalle ulteriori Tabelle annuali.

1785 Le Guardie del Corpo si aumentano di n°. 1 cornetta e di 1 furiere. Nell'ufficio del Generale del cannone sono aggiunti: 1 Brigadiere nel Genio ed 1 Ispettore della R. Armeria. Nella "Legione" sono aggiunti: 1 T. colonnello in 2ª della Legione, 1 Maggiore in 2ª " " e sono, invece, soppressi gl'alfieri delle compagnie di fanteria.

1788 Nell'ufficio del Generale del cannone è soppresso il grado di Brigadiere nel Genio e sostituito con 1 Colonnello delle truppe, ingegnere dello stato. Nella "Legione" è aggiunto allo stato maggiore: 1 ajutante al dipartimento militare ed è soppresso il capitano segretario di Legione (1ª divisione).

1789 Le Guardie del Corpo si aumentano di 1 Ajutante Maggiore.

1792 Nelle Guardie del Corpo è soppresso il foriere, ed il maniscalco è sostituito da 1 veterinario. Così pure nella "Legione" in quanto al veterinario, mentre le viene aggiunto un Colonnello in 2ª.

1794 Nell'ufficio del Generale del cannone è aggiunto: 1 ingegnere militare, mentre nella „Legione" sono soppressi: il capitano quartier mastro e gl'obois(ti) ed è aggiunto: 1 sergente di brigata che prende posto prima dei 4 chirurghi di compagnia. Infine i Tenenti assumono il nome di „Primi tenenti".

1795. Nella „Legione" allo stato maggiore è assegnato un nuovo: tenente ajutante maggiore ed i primi tenenti riprendono la denominazione di «tenenti».

1796 La Tabella « Stato militare" di quest'anno, che è l'ultimo, per ora, della Dominazione estense e del ducato di Modena; assegna alle Guardie del corpo la cifra di 75 uomini con 75 cavalli, essendovi aumentato: 1 maggiore 3 cadetti, 2 guardie effettive, 1 sopranumeraria, ma diminuiti 2 brigadieri.

Nell'Ufficio del Generale del cannone fanno la loro apparizione: 1 Ispettor generale delle munizioni da guerra, 1 maggiore o reggitore militare, 1 Tenente ajutante maggiore reggitore. Nota importantissima: l'artiglieria non è più suddivisa, per compagnie in ogni singola „Divisione" della „Legione", ma apparisce tutta concentrata in un corpo solo, comandato da 1 maggiore coi seguenti gradi:

1 ajutante maggiore	2 sergenti
1 Capellano	5 caporali
1 Chirurgo	2 sotto caporali
1 Veterinario	2 cadetti
1 Profosso	2 tamburi
1 Sellaro (sellajo)	68 artiglieri
1 garzone profosso	
1 capitano	
1 Primo tenente	Totale 94 uomini con 86 cavalli.
1 sottotenente	

Così diminuita, la „Legione" conserva tutto il rimanente, compresi i reparti di cavalleria ed ha in più i sei sergenti di brigata creati nel 1794, 10 ajutanti che non si può capire quando sieno stati creati, ed una banda di 30 musicanti di cui non si conosce la data d'istituzione.

Tale era l'esercito „estense" in maggio 1796 quando la tempesta rivoluzionaria di Francia — sinora per quattro anni valorosamente trattenuta dal fiero esercito piemontese (poco ajutato dall'Austria, nulla o quasi nulla dai vari stati d'Italia) rotte sanguinosamente quelle forti barriere difese dalle Alpi ed allagò rapidamente il sottoposto piano italiano travolgendo mentamente fra i suoi vortici gl'inetti principotti della penisola che solo dell'interesse privato dei loro piccoli stati si erano curati e nulla di quello della povera Italia!

Effimera ricostituzione del Ducato ed organizzazione parziale dell'esercito Ducale
(Giugno 1799 – Giugno 1800)

Non abbiamo potuto trovare alcun documento scritto relativo a questa breve epoca di ricostituzione dell'esercito Ducale modenese; ma dai pochi disegni, che ci è stato dato di rinvenire, possiamo ritenere per cosa certa che il detto esercito (che chiamiamo Ducale e non estense perchè ancora sotto il comando e l'influenza austriaca) ebbe un principio di formazione sulle basi, a un di presso, di quelle che era già nel 1796 e cioè:

Guardie del Corpo
Stato Maggior Generale
Artiglieria e Guardia Urbana (Civica)
Cavalleria, così detta „dello Stato"
Divisioni: 1ª Guardia piedi
    2ª Urbana
    3ª Modena
    4ª Reggio
    5ª Mirandola
    6ª Garfagnana

dei quali corpi, se non forse proprio la truppa, certamente gli stati maggiori rispettivi furono regolarmente formati.

La grande vittoria di Marengo (14 giugno 1800) disperse ai quattro venti i resti dui appena riuniti del minuscolo esercito, il quale sparve per 14 anni dal novero dei piccoli eserciti italiani, fondendosi in gran parte in quel superbo esercito Italico che tanta parte ebbe alle gloriose militari imprese del 1° Impero, alle indimenticabili glorie Napoleoniche

Pacifico Cenni

Colnaga 4 Ottobre 1904

Le uniformi dell'esercito "estense"
negl'anni 1780-96 — 99-800

La diversa natura dei documenti che abbiamo avuto a disposizione nostra per il tratto di tempo che và dal 1780 al 1796 ci ha #consigliato di dare altresì una forma diversa a questa parte di queste nostre memorie. Tali documenti consistono principalmente in specchi e tabelle che danno gli stati di fatto senza preoccuparsi dei motivi che li hanno determinato onde per farle sa più facile e più piana abbiamo pensato di esporre le varie situazioni a periodi staccati e ben distinti. Incominciamo:

1780 Soppressi i Reggimenti: "Guardie a piedi", "di Stato", "dragoni" ed artiglieria e rimessi in piede, sotto altra forma, i Reggimenti Nazionali; sparse l'artiglieria e la cavalleria in tanti reparti diversi facienti capo ognuno ad un dato reparto maggiore, riuniti tutti questi reparti maggiori in un solo ed unico, detto "Legione"; diviso quest'ultimo in parte attiva e parte riserva, ne veniva, per necessaria conseguenza, di dover ritoccare le uniformi fin'allora usate per dar loro un carattere speciale in perfetta armonia colla nuova organizzazione. Perciò furono bensì ritenuti ancora i colori principali delle varie uniformi: (turchino per le "Guardie a piedi", l'artiglieria e la cavalleria e bianco per i reggimenti, ora "divisioni", ex nazionali) ma fu determinato che i vari reparti di artiglieria e cavalleria avessero a vestire il turchino od il bianco a seconda che essi appartenevano alle "divisioni" attive o di riserva. Così vedremo ora artiglieria e cavalleria turchine a mostre bianche perchè appartenenti alla milizia attiva ed artiglieria e cavalleria bianche a mostre varie perchè appartenenti a reparti di riserva. Infine si prescrisse che, a rendere più ostensibile la diversità tra le due milizie, gl'ufficiali della prima avessero ad avere lo spallino e quelli della seconda non lo avessero, e le dragone e nappine (o fiocchi dei capelli) avessero ad essere in oro e turchino per quelli ed in argento e turchino per queste. Le "divisioni" che rappresentavano gl'antichi reggimenti nazionali ne riproducessero per anche gl'antichi colori distintivi: turchino, rosso e verde e nero, avendo lasciato in disparte il giallo (Regg.to del Frignano) e sostituito col nero (Regg.o di Garfagnana) perchè quello con questo formarono una sola ed unica divisione.

In seguito quindi a tale modificazioni di natura, diremo così, organica, gl'uniformi della Legione venneno ad essere regolati come segue:

"

1ª divisione (truppa straniera) fanteria ed artiglieria: abito turchino mostre bianche bottoni argento(?)

2ª   "   ("   nazionale)   "   artiglieria e cavalleria: "   "   "   "   "   "

(Noi abbiamo qualche buona ragione per credere che vi fosse un diversivo fra le due divisioni e questo fosse nel metallo dei bottoni: d'oro pr la prima, d'argento per la seconda: a ciò siamo indetti dal doppio fatto, che 1° fin dalla propria creazione (Reggº Madevini 1741) le truppe straniere ebbe i bottoni e gl'altri ornamenti in oro, mentre il reggº della Palude" (conte della Palude), che fu il capo-stipite del reggto nazionale delle guardie a piedi, ebbe sempre gli uni e gl'altri in argento, e, II° che nel 1795 si parla (come si vedrà a suo tempo) di un nuovo uniforme pr la 5ª compagnia (straniera) delle guardie a piedi che semplicemente è ancora turchino e bianco come ora 1780 e non si comprenderebbe la necessità di tale modificazione se non fosse per soggiungere qualche cosa intorno al metallo dei bottoni, cosa molto probabilmente dimenticata nella penna dall'emanuense dell'Archivio)

3ª divisione "Modena", fanteria artiglieria e cavalleria: abito bianco, mostre rosse, bottoni argento

4ª   "   " Reggio"   "   "   "   "   "   "   "   turchine, "   oro

5ª   "   " Mirandola"   "   "   "   "   "   "   "   verdi, "   "

6ª   "   " Garfagnana   "   "   "   "   "   "   "   nere.   "   "
          e Bismantova ""

La 1ª e 2ª divisione essendo di truppa attiva i rispettivi ufficiali portavano spalline d'argento, dragona e nappina in oro e turchino.

Le divisioni, 3ª a 6ª, essendo, invece, di riserva i loro ufficiali non portavano lo spallino e le loro dragone e nappine erano in argento e turchino.

Circa poi lo spallino, che doveva seguire, oltrechè l'attività di servizio, anche il rispettivo grado di chi doveva adornarsene, non ci è stato possibile trovar alcun documento che ci permettesse di stabilire in qual modo esso seguisse le varie diversità del grado medesimo; nè il disegno, barbaro, che abbiamo sott'occhio e proveniente dall'Archivio medesimo è tale da metterci sulla buona strada. Sembrerebbe che la lastra (il piatto della spallina) fosse di metallo, ma a questi tempi non sembra che ciò fosse ancora in uso e, d'altronde, per distinguere vari gradi (cinque almeno: capitano, capitano-tenente, tenente, sottotenente, alfiere) ci sembra che una lastra di metallo non potesse proprio servire abbastanza bene per porvi sopra tante indicazioni diverse, onde, nel dubbio, crediamo ben fatto attenerci al sistema di spalline adottato pochi anni dopo dagl'ufficiali delle truppe della Republica Cispadana che subentrò nel 1796 al Governo ducale [1]. Tale sistema è basato sulle lozanges di seta a colori, che sono liste messe pel lungo del piatto della spallina e che erano in tanto maggior numero quanto più era basso il grado che rappresentavano. Dietro un tale sistema, che non era proprio ai soli ufficiali della Repubblica Cispadana ma bensì ancora e con qualche variante a quelli della Cisalpina e della Francese, e ritenendo per base (accettata allora ed ancor oggi in tutti gl'eserciti) della frangia grossa per gl'ufficiali superiori e di quella sottile per quelli inferiori, avressimo la seguente graduazione:

Colonnello	Frangia grossa	Piatto, o lastra, tutta d'argento (o d'oro)	
T. Colonnello	"	"	con una lista traversale turchina *
Maggiore	"	"	" due liste traversali turchine
Capitano	"	"	" tre " " "
Capitano-tenente	Frangia sottile	tutta d'argento (o d'oro)	
Tenente	"	"	con una lista traversale turchina
Sottotenente	"	"	" due liste traversali turchine
Alfiere	"	"	" tre " " "

* Abbiamo adottato il turchino per le lozanges (o liste) perchè il turchino era il colore nazionale degl'Estensi – I repubblicani avevano invece il rosso perchè con esso, coll'argento della spallina e col verde dell'abito formavano il tricolore italiano bianco, rosso e verde.

Per gl'ufficiali Generali poi non è ben accertato se avessero due spalline od una sola; (il Novatti, nella sua Cronaca, illustrata da lui stesso, di Modena, li dà con due spalline nel 1796 e con un sola, a sinistra, nel 1799-1800). Ma, comunque, una o due aquile (o gigli) in argento dovevano molto probabilmente distinguere il general maggiore (2) dal general brigadiere (1)

Per gl'ufficiali Ajutanti Maggiori e Quartier mastri, trattandosi di un impiego anzichè di un grado, dovevano certamente avere lo spallino destinato al grado da essi coperto (cioè capitano, o tenente), ma posto sulla spalla a sinistra per un diversivo ben precisato dagl'altri. E, forse, per distinguere l'uno dall'altro, il primo lo avrà avuto di metallo opposto, ma di questo siamo affatto all'oscuro.

Per la forma della dragona, per quella della sciarpa ed, infine, per quella dei nappini ai becchi del capello non ci siamo tenuti ai modelli austriaci, sapendo noi, di positivo, che in quest'epoca l'uniforme modenese seguiva passo passo quello austriaco osservando soltanto di mettere, al posto del color nero (Austria), il color turchino (Modena).

(1) Gl'elementi quasi eguali che costituivano l'esercito estense prima, l'esercito repubblicano dopo, la quasi nessuna transizione di passaggio dall'uno all'altro sono buone ragioni; noi crediamo, per ritenere che gl'ufficiali repubblicani adottassero un sistema già in vigore, modificandolo soltanto coll'aggiunta dello spallino a sinistra con o senza frangia.

Ci resta a parlare della coccarda. I numerosissimi documenti (350 circa) da noi consultati non ne fanno mai alcun cenno tranne che di quelle delle Guardie del Corpo, le quali, fino, almeno, alla morte del Duca Francesco III° (gennajo 1780), furono sempre nere. Il più volte nominato Novati ci presenta delle figure del 1796 con coccarda nera ed altre con coccarda bianco-turchina ed in altre figure del 1799-800 ci dà tutte coccarde nere. Fatte altre indagini a Modena, ne abbiamo avuto per risposta da persone distinte e degne d'ogni fiducia che mai le truppe estensi ebbero a portare coccarda nera, bensì bianco-turchina. Ma dunque i documenti che danno, colla massima precisione, la coccarda nera alla Guardie del Corpo saranno sbagliati? Non pare: essi le avevano realmente nere e perciò noi abbiamo creduto di dare, sulla scorta di altri figurini del tempo (dragoni), la coccarda nera a tutte fino alla morte del duca Francesco III; bianco-turchina dopo di quella. Né crediamo d'aver punto sbagliato.

————

Ritornando ora adunque sulle uniformi dell'esercito "estense" nell'anno 1780 e stabilito bene quale era l'uniforme della "Legione" e de' suoi vari reparti, aggiungeremo che, da quest'anno, le Guardie del Corpo cominciarono a sostituire nelle mostre del loro uniforme ed insieme nella camiciola e pantaloni, il color giallo-paglia all'antico giallo-camoscio (V. Tavole XXVII, XXVIII, XLIV e XLV) ed i generali continuarono a portare l'abito bianco colle mostra, camiciola (ora già denominata "corpetto") e pantaloni turchini. (V. Tavole XXVII, XXVIII, XXX, XXXI, XXXVI e XLIV").

I segnali di lutto per la morte del duca Francesco III furono già rappresentati nella Tavola XXVI, onde in quella XXVII si fa vedere il 2° periodo dei medesimi (dopo tre mesi del primo periodo) e cioè il solo nodo nero al braccio sinistro secondo l'ordine del 24 febbrajo di quest'anno.

Il 4 marzo il nuovo duca Ercole III ordinò che gl'ufficiali in servizio di guardia portassero come distintivo del servizio medesimo un cintarino bianco di pelle di daino imbianchita, con fibbia, dovendosi da allora in poi riservare il porto della sciarpa alla sola occasione di riviste, riunioni solenni ecc. o presentazione in corpo dell'ufficialità alle L.L. A.A. S.S. il duca e la duchessa. (V. Tav. XXVII, fig. 5)

Il 16 ~~marzo~~ aprile fu assegnato ai commissari l'uniforme della 1ᵃ divisione (turchina a mostre bianche e bottoni d'argento) e lo spallino del loro grado cioè di t. colonnello (frangia grossa ed una lista turchina sul piatto dello spallino)(V. Tav. XXXIX)

Diamo qui la spiegazione delle varie tavole riferentesi all'anno 1780:

Tav. XXVII. N° 1 il duca Rinaldo III: 2 General maggiore. 3 General brigadiere. 4 Id. Ajutante di campo (in tenuta interna di corte) - 5 capitano della 1ᵃ divisione in tenuta di guardia (v. 4. Marzo) - 6 Guardia del Corpo in tenuta di guardia interna col pennacchio nero e le mostreggiature con giallo-paglia introdotte dal nuovo duca, ma ancora senza le spalline, concesse poco dopo.

Note alla Tavola XXVII. Si rappresenta il duca in tenuta di maresciallo austriaco, quale apparisce appunto nel suo ritratto (Galleria Coccapani a Fiorano), in atto di mostrare ai due generali predetti i ritratti di due di suoi predecessori Francesco III° (7) e Francesco II (8)

Tav. XXVIII. N° 1 Il duca in tenuta di generale del proprio esercito, 2 General maggiore comandante la Guardia del Corpo. 3 General maggiore. 4 Generale brigadiere. Id. Ajutante di campo - 6 Ufficial superiore della 1ᵃ divisione. uff. d'ordinanza del duca. 7 Chierigo della Corte. 8 Ufficiale d'ordinanza della Milizia di Riserva cioè della divisione Modena, eventualmente in servizio e quindi con spallino - 9 e 10 altri ufficiali di seguito.

Note alla Tavola XXVIII. La scena rappresenta le vicinanze del grandioso palazzo ducale di Sassuolo, alle falde estreme degl' appennini

Tav. XXIX. Guardia del Corpo. 1 Esente (T. Colonnello). 2 Brigadiere (Capitano). 3 V. Brigadiere o Maggiore (capitano. tenente) (un sol gallone alla tasca ed un bordo largo ed uno stretto alla gualdrappa). 4 V. Brigadiere (Tenente). 5 Cadetto. 6 Porta stendardo. 7 Guardia. 8 Timballiere. 9 e 10 Trombe (ora sono soltanto due). Cariche: 11 Capellano (ha cavallo suo proprio e quindi anche i stivali) 12 Medico, 13 Chirurgo.

Note alla Tavola XXIX: La scena rappresenta un eventuale festa publica presso il palazzo ducale di Sassuolo, di cui vedesi nello sfondo la facciata posteriore. Pennoni o bandiere, improntate ai quarti dello scudo estense, indicano il circuito della festa cui le guardie del corpo fanno servizio d'onore

Tav. XXX 1 General maggiore, comandante e proprietario della "Legione" - 2 Colonnello com.ᵗ in 2ᵃ 3 Maggiore - 4 Id. comandante tutta la cavalleria della "Legione" - 5 Capitano aju tante di campo. 6 Capitano ajutante maggiore - 7 Capitano Quartier mastro. 8 Chirur

40

gonmaggiore - 9 Capellano - 10 Tenente in servizio eventuale di ufficial d'ordinanza - 11 Soldato d'or
d'nanza di cavalleria - 12 Id.

Note alla Tav. XXX La scena rappresenta una specie di rapporto confidenziale dopo una grossa manovra. Tutti appartengono alla
1ª o 2ª divisione.

Tavola XXXI N. 1 Brig General Brigadiere come te di divisione - 2 te Colonnello della divisione "
comandan 2ª
Modena" - 3 Maggiore id. - 4 T. colonnello. 5 Capitano ajutante maggiore. 6 Tenente in
funzione di ajutante di campo. 7 Soldato di ordinanza della cavalleria della divisione - 8
8 Zappatori della divisione.

Note alla Tav.ª XXXI La scena rappresenta una manovra di divisione nei pressi di Sassuolo, di cui vedonsi la facciata posteriore,
il fianco sinistro (rispetto alla facciata principale) e parte dei giardini. La scena è affatto immaginaria ma può essere benissimo
avvenuta; serve in ogni modo per dimostrare le varie cariche e gradi in funzione (Il palazzo è preso da una stampa dell'epoca)

Tavola XXXII N. 1 Chirurgo di compagnia, 2 Capellano - 3 Sergente profosso. 4 Computista della
Legione. 5 Maniscalco, 6 Sellajo, 7 Oboista, 8 Garzone del profosso.

Note alla Tav. XXXII La tenuta del sergente profosso e del suo garzone è interamente immaginaria e basata unicamente sul
l'uniforme del profosso modenese del 1849 nonché sul sapersi che tale carica veniva ben difficilmente i propri
distintivi. Maniscalco e sellajo appartengono alla cavalleria e però sono armati analogamente. Tutti poi appartengono
alla 1ª e 2ª divisione, cioè alla milizia attiva.

Tavola XXXIII N. 1 Tamburo maggiore - 2 Maestro tamburo - 3 e 4 Tamburini dei Granatieri -
5 e 6 Pifferi id. - 7. 7 Tamburini.

Note alla Tav. XXXIII Si rappresenta la "batteria" dei tamburini della 2ª divisione (nazionale) (se fosse la prima avrebbe 4 pifferi e
4 tamburini granatieri, ma 4 tamburini di meno dei fucilieri, essendo due le sue compagnie di granatieri e non
una sola come nelle 2ª divisione e nelle altre) - Per questa tavola qui, come per ogni altra, ricordiamo che i stivaletti
(ghette) di tela bianca indicano che si è dal maggio all'ottobre (se sono neri vuol dire che si è dall'ottobre al maggio)

Tavola XXXIV N. 1 Tenente di Granatieri della 4ª divisione "Reggio" in tenuta ordinaria - 2 Id. id. in
grande tenuta sotto le armi - 3 Granatiere della 2ª divisione (nazionale) 4 Id. in serran (di tela)
e berretto, così detto da notte. 5 Granatiere della 1ª divisione (estera) - 6 Tamburino dei Granatieri della
3ª divisione "Modena" - 7 Granatiere id. - 8 Id. id. in tenuta ordinaria. 9 Id. d. della 6ª divisione "Garfagnana e Frignano" - 10 Id. della 5ª "Mirandola".

Nota alla Tavola XXXIV. Si è figurata una riunione eventuale, di soli granatieri - In fondo la città di Modena colla celebre "Ghirlandina"
(2ª fotografia)

Tavola XXXV Fucilieri - N. 1 Caporale fuciliere della 2ª divisione (nazionali) - 2 Fuciliere della 1ª (esteri)
3 Fuciliere della 4ª "Reggio". 4 Zappatore in tenuta giornaliera (capello) della 3 "Modena" - 5 Fuciliere id.
6 " della 5ª "Mirandola" - 7 Id. della 6ª "Garfagnana e Frignano" - 8 Milite della 3ª Legione

Urbana o Borese (della Campagna)

Note alla Tav. XXXV. La scena rappresenta una lite grave con sangue in un'osteria; è di sera, verso l'Ave maria.

Tav. XXXVI Artiglieria N°1 Generale del Cannone (general maggiore). 2 Capitano della 2ª divisione (nazionali). 3 Capitano tenente id. in funzione d'ajutante di campo. 4 Sottotenente 4ª divisione "Reggio". 5 Sergente id. 6 Tamburino id. 7 Cannoniere 3ª divisione "Modena". 8 Id. id. 9 Id. 5ª "Mirandola". 10 Id. 6ª "Garfagnana e Frignano". 11 Sottoufficiale id. 2ª (nazionali).

Note alla Tav. XXXVI Ingresso di un forte qualunque presso un villaggio nelle colline dell'Appennino. Si rappresenta una specie d'isperzione del generale comandante.

Tav. XXXVII. Cavalleria N°1 Tenente della 2ª divisione (la 1ª (estera) non ha cavalleria). 2 Caporale della 3ª divisione "Modena". 3 Soldato della 4ª "Reggio". 4 Id. della 5ª "Mirandola". 5 Trombettiere della 6ª "Garfagnana e Frignano".

Note alla Tav. XXXVII La piccola riunione ha luogo in un viale della Piazza d'armi di Modena a tale epoca. In fondo la Cittadella di Modena.

Piazza d'armi di Modena a quest'epoca

1781

La 2ª divisione già "Guardia a piedi" e nazionale, avendo assunto in quest'anno la denominazione di "Urbana", cambia anche il proprio uniforme sostituendo le mostre rosse alle bianche. Tale divisione rimane essa di truppa attiva? Parrebbe di sì e perciò le abbiamo dato lo spallino ecc. ma si potrebbe anche dubitarne non essendo ben chiaro il testo. È per questo solo motivo che le avevamo assegnato una tavola a parte, potendo perchè avrebbe potuto bastare due o tre figure ove il testo fosse stato più chiaro ed esplicito. Qui dunque si considera la divisione urbana come di milizia attiva. (V. Tav. XXXVIII)

17 Gennajo. Viene stabilito l'uniforme degli ufficiali patentati di cavalleria che non si considerano in servizio attivo (V. Tav. XXXIX) e perciò portano il cordone invece dello spallino.

9 Febbrajo. È a questa data precisamente che è assegnato lo spallino da t. colonnello ai Commissari militari (V. Tav. XXXIX) ed è pure alla stessa data che si ricorda con apposito mònito che lo spallino è riservato unicamente e rigorosamente ai soli ufficiali attivi. (1ª divisione: Guardia a piedi. 2ª "Urbani)

1 Maggio. Si prescrivono i vari onori da rendersi dalle truppe al Santissimo Sacramento, a S. A. S., ai Generali ecc. Si comprende da tale prescrizione che

(dal capitano ad esxigo)

' che ai semplici ufficiali inferiori la sentinella non presenta le' arme ma la porta soltanto alla spalla e si ferma.

8 Giugno. Sono stabiliti dei stivali speciali per gl'ufficiali della 1ª divisione (straniera) e se ne dà la descrizione; la quale però, disgraziatamente, non si trova in Archivio. Si può tutta via sapere che essi sieno eguali a quelli che portano in pari epoca gl'ufficiali di fanteria piemontese e cioè fatti come gl'stivaletti ma neri e con una fila di bottoni. Tali li rappresenta per anche il Novetti ne' suoi figurini del 1799-800.

Passiamo ora alla descrizione delle Tavole relative a quest'annata 1781:

(2ª Divisione «Urbana»)

Tav. XXXVIII. N° 1 Colonnello come in 2ª. 2 Capitano Ajutante Maggiore. 3 Capitano della compagnia Granatieri, 4 Capitano compagnia dell'Artiglieria. 5 Tenente dei Fucilieri. 6 Sottotenente della cavalleria. 7 Medico o Chirurgo di compagnia. 8 Soldato della cavalleria. 9 caporale dell'Artiglieria 10 Soldati id.

Nota alla Tav. XXXVIII. Si tratta della nuova 2ª divisione «Urbana». La scena si spiega da sé.

Tav. XXXIX. N° 1 Commissario militare (T. colonnello). 2 Tenente della 1ª divisione estera, coi stivali 8 giugno; 3 Tenente nuovo della compagnia urbana (volontaria) della Mirandola (da non confondersi colla 5ª divisione «Mirandola»). 4 Ufficiale patentato di cavalleria. 5 Sergente della 4ª divisione «Reggio». 6 Caporale id (1782). 7 Soldato della 3ª divisione «Modena» (1782). 8 Soldato-ordinanza all'ufficio del Commissariato (2ª divisione «Urbana»). 9 Impiegati del commissariato.

Note alla Tav. XXXIX Anzitutto dobbiamo avvertire una cosa; all'epoca dei Regg.ti Nazionali, 1740-70, quello di «Reggio» ebbe il n° 1 unicamente perchè fu il primo ad essere formato; «Modena» venne secondo e per ciò ebbe il n° 2. Ma non stava bene che «Modena», che rappresentava la capitale dello Stato, avesse il secondo posto. Perciò quando, nel ripristinamento di questi reggimenti in quest'anno 1780, si ebbe modo di tornare su questo fatto della preminenza, si diede il primo posto al «Modena» ed il secondo al «Reggio». Ma vi era ancora un altro inconveniente. «Modena» aveva le guarnizioni e bottoni in argento, che ha minor valore dell'oro, e «Reggio» le aveva appunto in oro e perciò si deliberò, nel 1781, che «Reggio» le cambierebbe in argento e così è la figura n. 5, che è un sergente del «Reggio». Ciò però non bastava ancora: il turchino era il colore dello Stato; doveva quindi averlo il 1° reggimento, quello che rappresentava la capitale; si diede dunque ad esso (nel 1782) il turchino (fig. 7) e si passò il rosso al «Reggio» (fig. 6). Inoltre, voluto porre una maggior distinzione fra le truppe attive e quelle di riserva, si pensò di lasciare l'argento alle prime e di dare l'oro a tutte e quattro le divisioni della riserva e così si ebbe «Modena» colle nostre turchine ed i bottoni gialli (fig. 7)[1]! — La figura 4 non porta spallino una cordone. La figura 3 appartiene al 1783 e la scena rappresenta l'ufficio del Commissariato nel momento nel quale il sergente del «Reggio» presenta le nuove uniformi di «Reggio» e «Modena» al commissario, mentre i numeri 2, 3 ch sono quivi convenuti per dar ordine dei propri nuovi uniformi o modificazioni d'uniforme.

[1] Tutto ciò è da noi immaginato, poichè nessun documento lo dice, ma però è molto verosimile. Di tali cambiamenti, per motivi di preminenza,

Una questione: Capelli o caschetti?

Un documento - specie di tariffa del vestiario - del 1796 assegna alla truppa di fanteria il caschetto ("caschetto" in buon italiano vuol dire "elmetto", ma qui invece vuol dire una forma speciale di copertura di capo chè è il capo-stipite dell'odierno Kepy) Era come questo: , una specie di mitra senza punta. Il più volte nominato Rovatti; dando i suoi tipi di fanteria modenese, li mostra tutti coll'antico capello . Da ciò nasce un dubbio: chi ha ragione fra i due? il documento che è, di sua natura, ufficialissimo, od il canonico Rovatti che ha preso dal vero? Difficile il dirlo. Avendo fatto ricorso a Modena, prima, ma inutilmente, all'Archivio, poi a persona di una certa competenza in materia, ci è stato risposto da questa che la truppa "estense" ha sempre usato promiscuamente pr copertura di capo il capello ed il caschetto! Sarà vero? Noi ci permettiamo di dubitarne; ma, osservando che tale caschetto lo avevano fin dal 1764 gl'austriaci e che a quest'epoca 1783, lo avevano pure le truppe toscane, dobbiamo chinar la testa e, pur non avendo nè dati nè date precise, dobbiamo accettar la versione che vuole in servizio codesti caschetti. A ciò è conformata la nostra Tavola XL, che dà le costumanze dell'epoca 1790-96.

Descrizione della Tavola XL. N° 1 Ajutante Maggiore 2 Sergente. 3 Soldato ordinanze (tutti e tre della 1ª Divisione: Guardia a piedi) 4 Soldato-ordinanza della 2ª "Urbana". 5 Id. id. della 4ª "Reggio". 6 Id. id. della 6ª "Garfagnana-Prignano". 7 Id. della Cavalleria della 2ª "Urbana". 8. Id. dell'Artiglieria id. 9. Sentinella della 2ª "Urbana". 10 Caporale della 3ª "Modena" - 11 Id. della 5ª "Mirandola".

Note alla Tav. XL. La scena rappresenta la rivista passata dell'Ajutante Maggiore della Divisione ai soldati scelti pr il servizio di ordinanza ai vari uffici. Quelli di fanteria debbono avere il bastone e quello di cavalleria il "talco" (giberna?). Si raccolgono per la rivista al quartiere. L'istituzione data dal 1765.

Tav. XLI. 1796 - Artiglieria unificata, cioè riunita in un corpo solo e con una sola uniforme. N° 1 Maggiore comandante. 2 Capitano. 3 Tenente Ajutante Maggiore. 4 Sottotenente. 5 Chirurgo 6 Sergente, 7 1° Cannoniere di destra, 8, 1° id. di sinistra. 9 2° Id. di destra, 10 2° Id. di sinistra - 11 3° Id. di destra 12 Tamburino. 13 Cannoniere in sarrau(1) e beretta. 14 Sergente Professo.

Note alla Tav. XLI. I capelli sono senza bordo perchè così si ha pure disegnati il Rovatti - testimonio di vista - nella sua cronaca, ma non abbiamo nessun documento scritto che ce lo confermi.

(1) Il sarrau (o sarrò) è un corpetto di tela canapina ordinaria che si sostituisce - fuori di servizio al corpetto d'ordinanza - E tuttora in uso nell'Esercito austriaco.

se ne sono sempre veduti.

Tav. XLII Cavalleria, unificata per l'uniforme, ma ancora sparsa tra le divisioni.
Nº 1 Maggiore comandante. 2 Tenente in p. tenuta ordinaria - 3 Furiere id. 4 Sentinella. 5 Soldato in piccolo assetto di marcia - 6 Trombettiere - 7 Soldato in casacca e beretta
8 Id. in sarrau e beretta.

Nota alla Tav. XLII. La scena non ha bisogno di alcuna spiegazione.

Tav. XLIII. La Fanteria della "Legione" nel 1796, secondo il Rovatti: Nº 1 Capitano e
Maggiore della 1ª divisione "Guardia a piedi" - 2 Tenente Granatieri id. 3 Portabandiera della 4ª divisione "Reggio". 4 Sergente Granatieri della 2ª divisione "Urbana". 5 Caporale 3ª divisione
"Modena". 6 Caporale 5ª "Mirandola". 7 Soldato 6ª "Garfagnana e Frignano" - 8 (Rotonda
fatta innalzare da Ercole III al centro della Piazza d'Armi di Modena.)

Nota alla Tav. XLIII Ci siamo tenuti strettamente ai tipi [1] dati dal Rovatti per le figure 4, 5, 6 e 7 e, per le generalità, anche
per le figure 2ª e 3ª. Ma non possiamo attenerci alla sua descrizione che è in diretta opposizione colla
Tabella ufficiale. Ne giudichi il lettore:

	Tabella ufficiale, 1796:			Secondo il Rovatti, 1796:
	1ª divisione "Guardia a piedi"	= Turchino, bianco e argento	1ª Divisione	- Bianco turchino e argento
	2ª " "Urbani"	= " rosso e argento	2ª "	" " e oro
	3ª " "Modena"	= Bianco, turchino e oro	3ª "	" " rosso e "
	4ª " "Reggio"	= " rosso e "	4ª "	" " verde e "
	5ª " "Mirandola"	= " verde e "	5ª "	" " nero e "
	6ª " "Garfagnana e Frignano"	= " nero e "	Giudichi il lettore!

[1] Come ben si vede codesti tipi non hanno
più il taglio d'abito e la Buffetteria all'
austriaca, ma bensì alla francese. È
possibile che il Rovatti, testimonio di
vista abbia fatto confusione fra taglio
austriaco e taglio francese? Può essere;
ma siamo più disposti a credere invece
che manchi in Archivio il Documento che dia ragione di tale
cambiamento)

1799 - 1800

(Unico Documento: la Cronaca Rovatti)

Tav. XLIV. Nº 1 General Maggiore, 2 General Maggiore Capitano delle Guardie del Corpo - 3 General
Brigadiere 4 Stato Maggiore della "Cavalleria dello Stato". 5 Ufficiale del Comando di Piazza.

Nota alla Tav. XLIV. La fig. 5 è stata aggiunta da noi; così pure il cavallo, e sua bardatura, della fig. 4. La scena rappresenta
un angolo della gran corte del Palazzo Pretorio.

Tav. XLV. Nº 1 Guardia del Corpo - 2 Cavalleria dello Stato 3 Caporale 1ª divisione Guardia a piedi. 4 Soldato 2ª divisione "Urbani". 5 Id. 3ª divisione "Modena". 6 Id. 4ª divis. "Reggio". 7
Id. 5ª "Mirandola". 8 Id. 6ª "Garfagnana e Frignano" - 9 e 10 Guardie civiche.

Note alla Tav. XLV - Si noti anzitutto che questa nuova versione del Rovatti coincide perfettamente con quella della Tabella ufficiale 1796! Non potrebbe ciò essere una prova d'essersi egli confuso nella descrizione de' suoi tipi di quella
data (V. Tav. XLIII)? Si può crederlo. - Soltanto le due figure a cavallo sono tolte dal Rovatti; le altre sono state
aggiunte da noi secondo varie desumazioni e soprattutto a seguito regolare delle figure del Rovatti della Tavola seguente.

Tav. XLVI. Nº 1 Stato Maggiore della 1ª divisione "Guardia a piedi" 2 Id. della 2ª "Urbani". 3 Id. della
3ª "Modena" - 4 Id. della 4ª "Reggio" - 5 Id. della 5ª "Mirandola". 6 Id. della 6ª "Garfagnana e Frignano". 7 Comandante della Guardia Urbana di Modena.

Nota alla Tav. XLVI. Tutte le figure di questa Tavola sono prese integralmente dal Rovatti. La scena rappresenta l'effetto
terribile della notizia della grande sconfitta austriaca di Marengo, che pose fine al questi redivivo ducato.

Colmegna 5 Ottobre 1904   Quinto Cenni

Nuovi Documenti del R. Archivio
di Stato di Modena

Sulle uniformi delle truppe ducali nel periodo 1756-59. Tali Documenti
vengono estrinsecati nelle sotto descritte Tavole XX bis 1, bis 2, bis 3, bis 4,
senza pregiudizio di ciò che è stato già descritto e dipinto nelle
Tavole anteriori a questa o posteriori.

14 Aprile 1756-59

A questa data ha luogo l'approvazione del contratto fra il Magistrato di Guerra
del Ducato di Modena e l'appaltatore Matteo Wees di Vienna, rappresentato da G.B.
Marchisio, per il vestiario delle truppe; e, cioè: Dei 5 Reggimenti Nazionali di Fanteria, del Reggimento Guardie a piedi, del Regg.to Dragoni Nazionali e del Reggimento Artiglieria. Tale vestiario, unitamente al relativo equipaggiamento è
ne rappresentato ampiamente nelle seguenti tavole:

TAV. XX bis 1 Reggimenti di Fanteria Nazionale 1756

N°1 Reggimento Reggio "Tenente - 2 Tamburino colla livrea colonnella ed i galloni della li...
ducale - 3 Granatiere — N°4 Regg° "Modena" Granatiere in cappotto — N°5 Regg° "Mirandola" Tamburino colla livrea come al N°2 - 6 Granatiere in tenuta di marcia d'inverno ...
7 Regg° "Frignano" Granatiere colla sciabola fuori del cappotto - 8 Tamburino maggiore...
solite livree ed il grado di sergente - 9 Regg° "Garfagnana" Tamburino colle solite livr...
10 granatiere 11 fuciliere in cappotto - 12 Id in beretto, camiciola e calze e scarpe.

Note: 1 A quest'epoca i tamburini portano nel loro vestiario i colori del rispettivo colonnello coi g...
della livrea ducale (bleu e bianco). I colori dei colonnelli sono quelli che si trovano nei rispetti...
Com.te del regg° "Reggio" è il colonnello Cavarini...; del "Modena" il conte Boschetti; del "...
il marchese Rangoni; del "Frignano" il conte Lascaris; del "Garfagnana" il conte Torelli del "...
ragona —. Fatte le debite indagini al R° Archivio di Stato di Modena, ci è stato risposto che...
5 stemmi di colonnelli due soltanto esistono e di questi due (Rangoni e Torelli) ve ne sono due di...
tra loro appartenenti al Rangoni senza che si possa stabilire esattamente a quali epoche e...
questi stemmi appartengano — Nostro scopo essendo quello di dimostrare che a quest'epoca...
i tamburini vestivano diversamente dalla truppa, abbiamo creduto di potere, in tanta deficien-
za ed incertezza di stemmi (uno solo su cinque sarebbe stato veritiero), sostituire ai colori che essi...
avrebbero dovuto effettivamente avere, altri colori, perchè differenti da quelli della truppa del rispettivo
reggimento — Si deve quindi intendere che gli uniformi dei n.i 2. 5, 8 eg non rappresentano
realmente i colori che dovevano effettivamente avere, ma servono solo a dimostrare che questi
colori dovevano essere differenti da quelli portati dalla truppa del rispettivo reggimento.

Osservazioni: I cappotti sono bianchi e col colletto rosso per tutti, qualunque sia il colore della mostra
distintiva. Le code dei bonetti dei granatieri sono tutte in color distintivo con orlatura (bianca)
a zig-zag e fiocchetto (bianco) - I Regg.i "Mirandola" e "Frignano" hanno le cravatte (o colletti) di
color rosso. I Regg.i "Reggio", "Modena" e "Garfagnana" li hanno neri. Il solo Regg° "Reggio" ha i bottoni gialli; gl'altri quattro li hanno bianchi. — Tutti i stivaletti sono di tela bianca con bottoni di sola,
di cuoio materiale — I cuoiami sono imbiancati e le patrone (giberne) assenti. — Il beretto
del n° 12 è copiato da altro simile usato dagl'austriaci (*) come si vede nei figurini colorati che
si trovano nel Museo della Pace e della Guerra di Lucerna ——

(*) a quest'epoca le truppe modenesi seguono il tipo austriaco.

XX bis 2 Reggimento di Dragoni Nazionali

N° 1 Progetto d'uniforme prima accettato dal Duca in contradizione di quanto era già stato stipulato il 14 Aprile col Wees, poi rigettato dal Duca medesimo con alto o "chirografo" contradistinto da nota del Magistrato di guerra in data 5 Settembre 1759 — 2 (a seguito) Uniforme stipulato il 14 Aprile 1756, rigettato come è detto più sopra al n° 1 ed infine nuovamente confermato il 5 settembre 1759 — 2 e 3 Ufficiali (Luogotenenti) in gr. tenuta — 4 Dragone in servizio appiedato — 5 Tamburo in livrea del colonnello [1] (v. nota alla spiegazione della Tavola — 6 Dragone montato - 7 Id. in piccola tenuta di quartiere - 8 Id. in mantello.

[1] Il colonnello comandante era il conte Munarini del quale esiste lo stemma; ma pr le ragioni esposte nelle Note alla spiegazione della Tavola abbiamo creduto di fotr esimerci dal farlo copiare, bastandoci la dimostrazione di un uniforme qualunque perchè dissimile da quello del soldato.

TAV XX bis 3 Reggimento d'Artiglieria

N° 1 Ufficiale di Stato Maggiore (cioè Superiore) [1] 2 Sottotenente — 3 Furiere, 4 Sergente — 5 Caporale — 6 e 7.8 Cannonieri o (meglio) Bombardieri [2] -in varie tenute

[1] Gl'ufficiali superiori distinguendosi dalla disposizione e numero dei galoni della gualdrappa del cavallo è ovvio il ritenere che tali galoni dovessero essere riprodotti sul paramano benchè ciò non sia mai, mai, mai detto in alcun luogo. (2) Bombardieri era il nome ufficiale degl' uomini componenti il piccolo corpo d'Artiglieria.

Artiglieria ed Ingegneri

Tav 54 Gl' uniformi riprodotti in questa tavola portano la data del 22 Aprile 175... Nel documento d'Archivio non si legge altro; quindi non si può stabilire esattamente questa data — Se però ci è permesso di esprimere la nostra personale opinione, noi saressimo del parere che per l'uniforme dell'Artiglieria sia occorso lo stesso cambiamento che pr quello dei Dragoni Nazionali, ma in senso inverso: G mentre pei Dragoni il Duca (Francesco III d'Este) ideò un uniforme (rosso e bianco) in contrasto con quello stipulato prima col Wess e poi abbandonò tale idea e si confer al progetto dell'appaltatore tedesco; per l'uniforme dell'Artiglieria invece, non accettò il progetto-quantunque già stipulato-del Wess (uniforme grigio e bleu scur ma il contro progetto (turchino e rosso) rimase poi sempre il preferito.

— N° 1 Capitano maggiore [1] - 2 Capitano - 3 Tenente in tenuta giornaliera estiva — 4 Ufficiale ingegnere - 5 Cancelliere - 6 Sergente 7 Tamburino coi colori dello stemma del colonnello [2] e la livrea del Duca - 8 Bombardiere - 9 Bombardier di fortezza

(1) Vegganssi i galoni della gualdrappa e si confrontino con quelli dei paramani [*] - (2) Il colonnello era il De Bosilos ma lo stemma non si è trovato - (3) pei bombardieri di fortezza non occorrer certamente la giberna

Osservazione. Il giustacuore (o marsina) ha le bavaresi (revers) bleu scuro come la marsina.

Quinto Cenni

Milano Corso Porta Nuo
12-12-909

Distribuzione dei figurini uniformi dei Reggimenti Nazionali ed Esteri 1740-58

nelle acquerelle 1ª e 2ª di Q. Cenni per il Sig. D.r H.J. Winkhuyzen dell'Aia (Olanda). 1902.

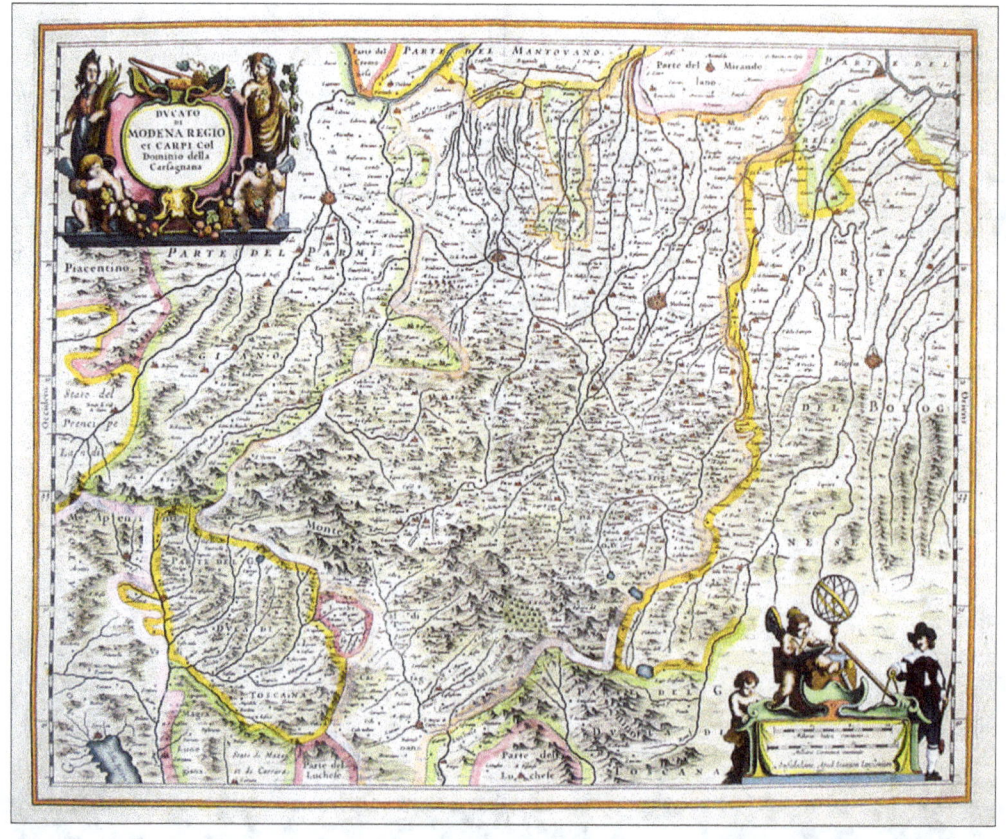

TAVOLE
UNIFORMOLOGICHE
DEL DUCATO DI MODENA
PARTE PRIMA

Note alle tavole a colori

Le tavole che seguono fanno riferimento al periodo che va dal 1625 al 1818, vale a dire qualche anno dopo la caduta di Napoleone. Quelle dal 1819 al 1859 faranno parte del secondo volume.

Tutti i figurini pubblicati su questo libro sono opera di Quinto Cenni e fanno parte della collezione privata raccolta alla fine dell'ottocento dal Dott. H. J. Vinkhuijzen ora di proprietà della New York Public Library cui va tutto il nostro ringraziamento per la gentile concessione.

Ogni tavola ha subito una radicale pulizia grafica da graffi, segni e usure del tempo. Tutte le indicazioni riportate, quando presenti, si rifanno agli originali testi inseriti dall'artista ai piedi, a lato delle tavole o sul retro delle stesse.

I duchi d'Este nel 'seicento.

La sovrana casa d'Este nei secoli

Compagnie di "corazze" (corazzieri) 1625

La casa d'Este nel 17° Secolo (Giardino pubblico del palazzo ducale Ghirlanda) 1625

Compagnie di "cavalli" (archibugieri) 1625

Presidio di Reggio. Caporali di cittadella, guardie delle porte. 1735

Reggimento "estense" in Ungheria 1735-40

Il Duca di Modena Francesco III 1735

Guardia del Corpo 1738

Reggimento Guardie a piedi della Palude 1738

Granatieri ducali 1740

Reggimento dragoni Rangoni 1740

Reggimento straniero svizzero Maderni 1740

4° Reggimento nazionale fanteria del Prignano 1740

Fanterie diverse del ducato di Modena 1740

Artiglieria modenese 1740

1° Reggimento di fanteria Reggio 1740

3° Reggimento di fanteria nazionale della Mirandola 1740

2° Reggimento di fanteria nazionale Modena 1740

Granatieri dei reggimenti di fanteria nazionale 1741

5° Reggimento di fanteria nazionale della Garfagnana 1741

Reggimento svizzero Jaccaud 1741

Guardie del Corpo "Velletri" 1744

Guardie del Corpo del reggimento nazionale Reggio 1754

I cinque reggimenti di fanteria nazionale 1755

Granatieri dei reggimenti di fanteria nazionale 1756

Diversi reggimenti di fanteria 1756

Reggimento dei dragoni nazionali 1756

Reggimento d'artiglieria 1756

Corpo di artiglieria ed ingegneri 1759

Riunione varie truppe Gran movimento d'esercito 1765

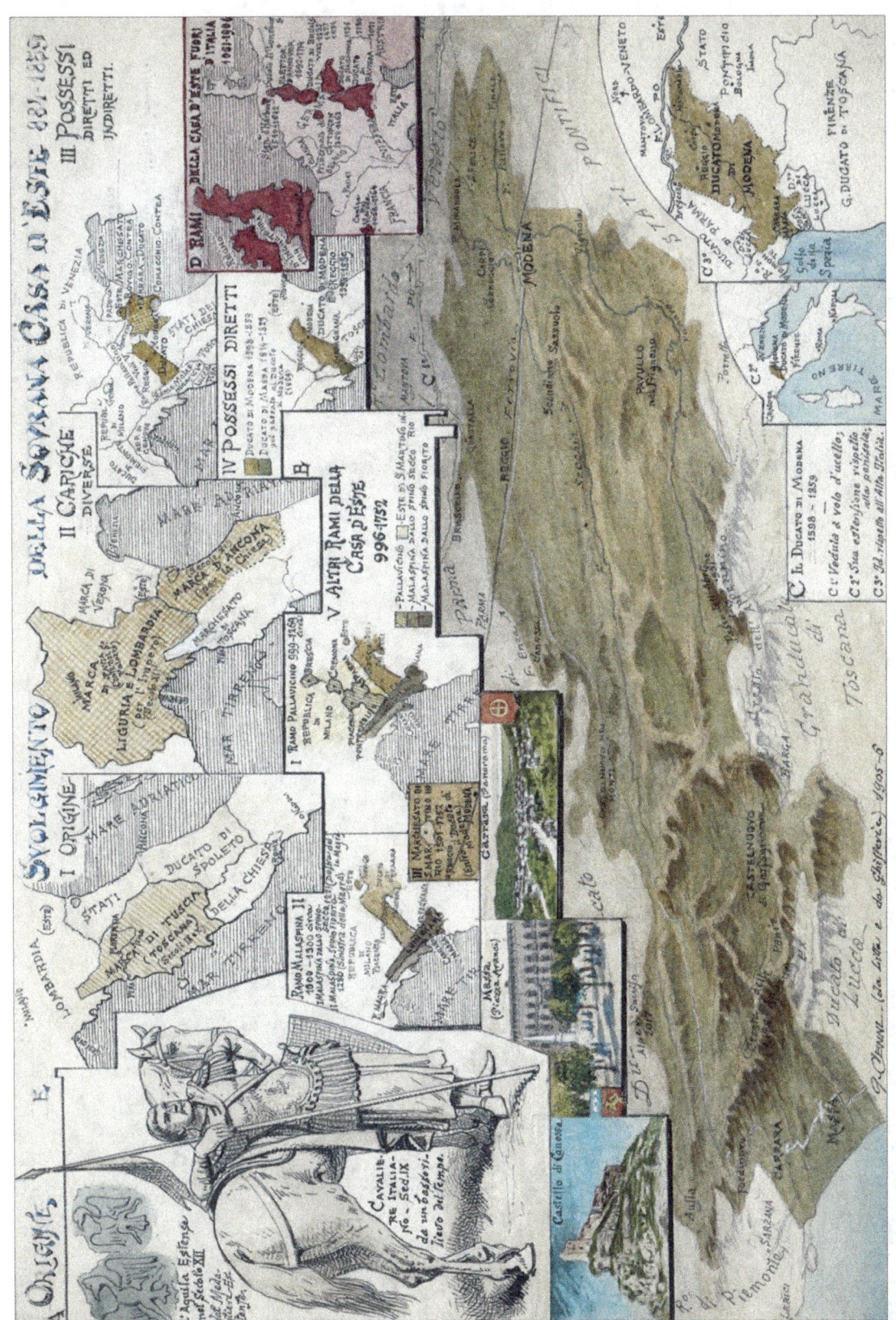

Origine e svolgimento della real casa d'Este

Cambiamento d'uniforme (lago maggiore) 1769

Saluto dei soldati nelle strade di Modena 1769

Reggimento Guardie presso Milano 1771

Una siesta nei giardini di palazzo ducale 1771

Ritorno di alcuni generali da una visita a palazzo ducale 1772

Il Duca come generale del proprio esercito nei giardini del palazzo ducale di Sassuolo 1780

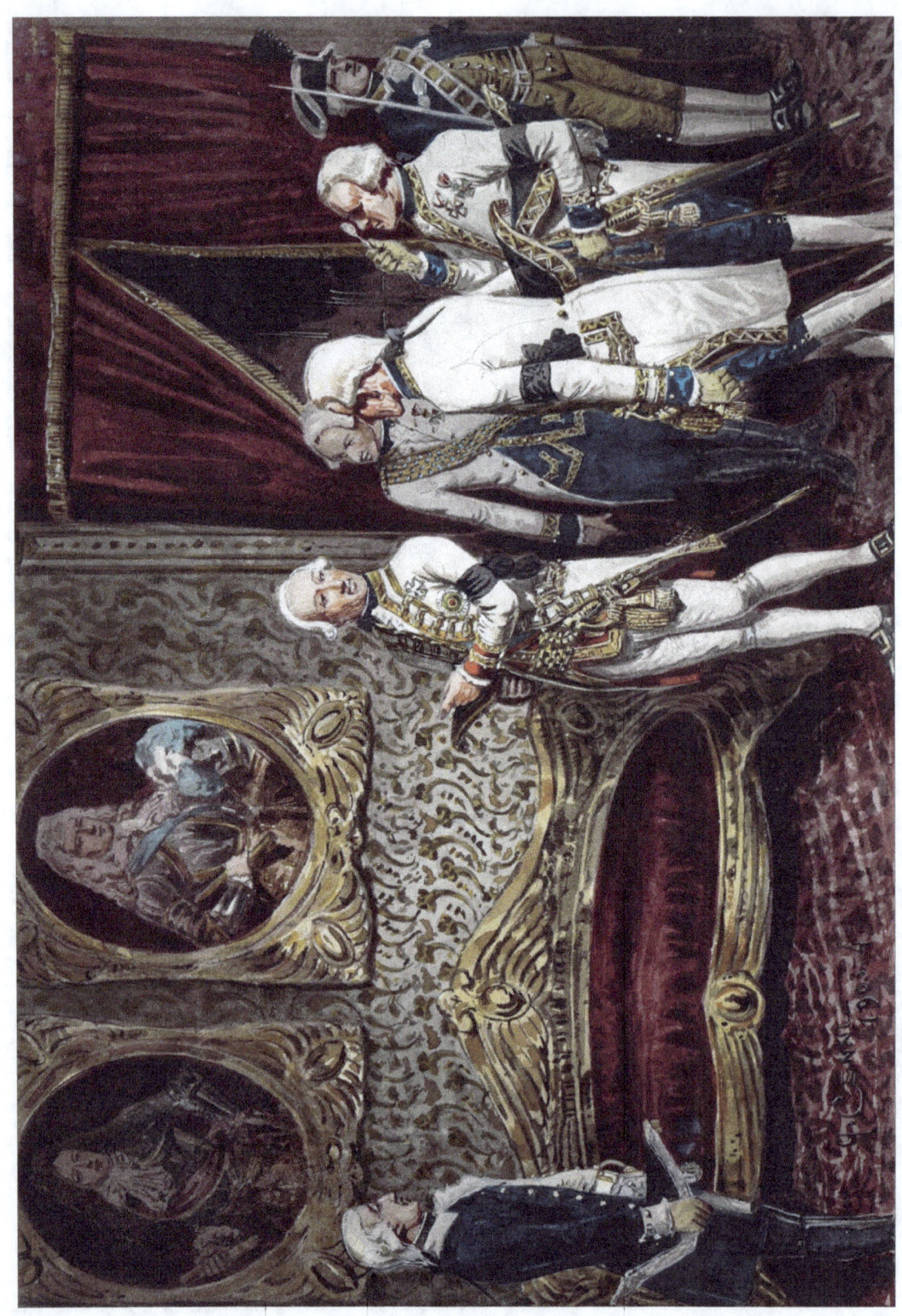

Il duca Ercole III nel suo palazzo in uniforme da maresciallo austriaco 1780

Funerali del duca Francesco III 1780

Guardia del corpo in servizio d'onore ad un festa ducale 1780

Manovra di divisione presso Sassuolo 1780

Grande Stato maggiore della divisione in riunione dopo le manovre 1780

Batteria di tamburi della 2a divisione 1780

Piccolo stato maggiore 1780

Diversi granatieri nelle campagne attorno a Modena 1781

Fucilieri in una rissa d'osteria 1781

Artiglieria dell'esercito all'ingresso di un forte 1781

Soldati di cavalleria presso la cittadella di Modena 1781

La nuova 2a divisione "urbana" 1781

Visita passata per servizio di ordinanza 1784

Artiglieria unificata 1796

Cavalleria unificata per l'uniforme 1796

La fanteria della "legione" in esercizio sulla piazza d'armi di Modena 1796

Convegno nella gran piazza del palazzo pretorio di Modena 1799

Allerta sull'armi 1799

Notizia della grande sconfitta austriaca di Marengo 1800

Seguito del Duca: guardia nobile 1814

La scelta per le uniformi del nuovo esercito 1814

Prime forze armate dopo la Restaurazione 1814

Uscita solenne del Duca 1814

Compagnia dragoni 1814

Il battaglione estense nella campagna di Napoli, battaglia di Tolentino 1815

Il battaglione estense nella campagna di Francia, sosta ad Avignone 1815

Compagnia invalidi e veterani 1816

Battaglione fanteria di linea 1816

Ufficiali battaglione di linea 1817

Uffici militari 1817

Differenti truppe dell'esercito estense 1818

Milizia forese, guardia di finanza e boschi 1818

INDICE:

* * *

BIBLIOGRAFIA ESSENZIALE:

-*Mauro Sabbattini*, Dizionario Corografico del Ducato di Modena, Milano, Stabilimenti Civelli 1854

-Atti e memorie della Deputazione di storia patria per le antiche province modenesi, Modena 1956 e 1986

-*Luigi Amorth*, Modena capitale, Martello editore, Milano 1967

-*Benedetti, Biondi, Boccolari, Golinelli,Righi*, Modena nella storia, Edizioni il Fiorino, Modena 1992

-*Silvio Campani*, Compendio della storia di Modena, Ediz. Aldine, Modena 1992

-*G. Carlo Montanari*, I fedelissimi del duca. La brigata estense, Edizioni il Fiorino, Modena 1995

-*Bruno Rossi*, Gli Estensi Mondadori, Milano 1972

-*G. Panini*, La famiglia Estense da Ferrara a Modena, Ed. Armo, Modena 1996

-Aedes Muratoriana, Modena 1977 Giornale della Reale Ducale Brigata Estense Ristampa anastatica

-*Nicola Guerra*, I filoestensi apuani durante il processo di unità nazionale: condizioni sociali e fuoruscitismo in "Rassegna Storica Toscana", Leo S. Olschki Editore, Firenze 2003

-*Alberto Menziani*, La caduta del ducato di Modena: dalla battaglia di Magenta ai trattati di Villafranca e di Zurigo, in "Atti e Memorie della Deputazione di storia patria per le antiche provincie modenesi", s. XI, vol. XXXIII, 2011, pp. 231–260.

-*Claudio Maria Goldoni*, Atlante Estense Modena 2012

-*Giorgio Apparuti*, Ducato di Modena & Reggio: 1598-1859, lo Stato, la corte, le arti

-*Carlo Capra*, Ducato di Modena & Reggio (1700-1859) 1994.

- *Paolo Vasco Ferrari* , Ducato di Modena & Reggio 1598 - 1859 Lo stato La corte Le arti pubblicato dal Banco S. Geminiano e S. Prospero 2007.

QUADERNI CENNI

Prestigiosa serie di 20 volumi per veri collezionisti; basata sulle prestigiose immagini realizzate nell'arco di una vita dal più grande pittore militare e uniformologo Quinto Cenni. Questi quaderni spaziano a gran parte degli stati pre-unitari italiani e non solo. Libri realizzati nel formato 20,5 x 25,5 composti da 100/150 pagine a colori e le tavole a piena pagina ed un prologo a commento delle uniformi trattate e della vita di Quinto Cenni. La serie si completerà nel corso del 2016.

www.ingramcontent.com/pod-product-compliance
Lightning Source LLC
Chambersburg PA
CBHW081716120626
46550CB00010B/3149

* 9 7 8 8 8 9 3 2 7 2 3 7 7 *